中华国术文化研究系列丛书

民族传统体育项目技术与理论

陈 扬 陶朔秀 编著

人民体育出版社

图书在版编目（CIP）数据

民族传统体育项目技术与理论 / 陈扬, 陶朔秀编著. -- 北京：人民体育出版社, 2021（2023.9重印）
（中华国术文化研究系列丛书）
ISBN 978-7-5009-6135-2

Ⅰ. ①民… Ⅱ. ①陈… ②陶… Ⅲ. ①民族形式体育—中国 Ⅳ. ①G852.9

中国版本图书馆CIP数据核字(2021)第260449号

*

人民体育出版社出版发行
北京中献拓方科技发展有限公司印刷
新 华 书 店 经 销

*

710×1000　16开本　15印张　275千字
2021年12月第1版　2023年9月第3次印刷

*

ISBN 978-7-5009-6135-2
定价：75.00元

社址：北京市东城区体育馆路8号（天坛公园东门）
电话：67151482（发行部）　　　邮编：100061
传真：67151483　　　　　　　　邮购：67118491
网址：www.psphpress.com

（购买本社图书，如遇有缺损页可与邮购部联系）

中华国术文化研究系列丛书

顾　问：刘　青　罗仲平　郝　勤

总主编：潘小非　赵　斌

编　委：宋秀平　李传国　马秀杰
　　　　黄　静　刘金丽　李　威

《民族传统体育项目技术与理论》编委会

编　著：陈　扬　陶朔秀

编　委（以姓氏笔画为序）：

　　马　林　　王如镇　　王经水　　王笑地
　　邢　丽　　刘合智　　祁钰杉　　孙　超
　　杜　艺　　杜俊儒　　李　威　　李　姣
　　李传国　　李春雷　　杨松蓓　　吴宝元
　　应凯杰　　张　浩　　秦志华　　卿光明
　　姬瑞敏　　龚梦玲　　蒋　松　　曾　杨
　　廖述兵　　潘文斌

总　序

  中华国术源于中华民族古代人民的生产生活，具有悠久的发展历史和深厚的文化积淀，成熟于明清时期，兴盛于内忧外患的近代中国，形成了以中华武术为代表的中华国术。从"民物相攫而有武矣"的雏形到汉代的武艺以及唐宋时期的武举制度，再到民国时期"国术"一词诞生，中华国术不仅承担了救亡图存、振兴中华的历史使命，而且在饱含民族精神的含义中走向兴盛。中华国术文化凝聚着中华民族自强不息、厚德载物的精神追求，是中华优秀传统文化的重要组成部分和构建文化强国的重要支撑。

  成都体育学院自建校之初便高度重视传承和发扬中华国术文化，早在20世纪50年代，学校便率先开启了武术的研究与教学工作，武术被贺龙元帅赞誉为成都体育学院"一枝花"。近年来，学校主动对接国家战略，坚守与弘扬文化自信，先后成立郑怀贤武学研究所、武术学院和历史文化系，举办武术文化大讲堂，打造精品武术成果走出国门，推进"四川武术文化传承工程"。守正创新，立足国术文化传承进行了一系列探索实践。深入挖掘和传承郑怀贤先生留下的宝贵遗产，规划出版了《郑怀贤武学丛书》，讲好"成体武术故事"；建成国内高校唯一以中华传统体育文化为主题的博物馆，打造传统体育文化"物化""活化"平台，将科研成果转化为公共文化产品，积极服务社会；策划推出系列"中国古代体育文物展"，弘扬中华传统体育精神；围绕立德树人目标，将国术文化中的正能量融于大学生思想政治教育；充分发挥国术文化在人才培养、科学研究、文化传承、社会服务、对外交流中的独特作用。

2020年5月25日，在四川省委宣传部具体指导下，成都体育学院中华国术院正式揭牌成立。同年，被四川省委宣传部、四川省教育厅、四川省社科联联合确定为第一批全省重点中华文化研究院。中华国术院的成立，旨在贯彻落实国家和四川省关于传承发展中华优秀传统文化的相关文件精神，着力构建弘扬中国精神、体现巴蜀特点的研究阐发体系，在传承国术文脉、助力文化兴川中凸显作用，在钩沉国术历史、建设国术文化研究高地中发挥效能。

中华国术院的建设坚持以习近平新时代中国特色社会主义思想为指导，坚持不忘本来、吸收外来、面向未来，坚持把握导向、立足学术、着眼传承，以学科建设为引领，以学术研究为重点，以人才培养为根本，聚焦中华国术文化基本问题、学术前沿等开展学术研究，推进中华国术文化的创造性转化、创新性发展，催生一批标志性研究成果，培养一批学术研究领军人才，提供一流的社会服务，彰显"中国气派""四川特色""成体风格"，努力把中华国术院建成国际有影响、国内有特色的国术文化研究高地，传统体育文化发展"标杆"，峨眉武术对外传播基地，推动中华国术文化传承发展实现新突破、取得新成效。

有鉴于此，成都体育学院中华国术院将传承、发扬与研究国术文化既作为一项专业工作，也作为一项社会使命来操持，规划出版"中华国术文化研究系列丛书"。该丛书以武术为主干，兼顾摔跤、龙舟、舞龙舞狮和少数民族体育项目等国术项目，充分挖掘、整理与研究国术文化，力争更好地传承与发展中国国术事业，为建设体育强国和文化复兴贡献力量。

前　言

武术与民族传统体育专业是在武术项目的基础上发展起来的，其历史渊源可以追溯至我国周朝时期"六艺"教育中的军事武艺教育。1904年，清朝政府颁布《奏定学堂章程》以后，以中华武术为代表的民族体育逐渐步入近代学校教育体系。

1915年，"全国教育联合会"第一次会议通过《拟请提倡中国旧有武术列为学校必修课》议案，教育部明令"各学校应添授中国旧有武技，此项教员于各师范学校养成之"，这标志武术进入学校教育体系得到了制度保障，高等武术教育也由此逐渐拉开了序幕。1916至1917年，南京高等师范学校和北京高等师范学校相继增设体育科，开设武术课，标志武术进入高等教育行列，成为高等学校体育专业中的一门课程。此后许多高等学校体育系相继开设武术及相关民族体育的教学和训练。

中华人民共和国成立后，国家对民族传统体育十分重视，1953年11月，全国民族形式体育表演及竞赛大会在天津市举行，民族体育全面走入国家视野。1958年8月，国家体委在青岛召开全国体育学院院长座谈会，强调了武术专业在高等体育教育中的地位和作用。随后，北京体育学院（现北京体育大学）成立了武术系，上海体育学院成立了武术水上系，成都体育学院成立了武术与重竞技系，其他体育院校（系）也开设了武术专项选修课，极大地提高了武术教育在高等体育院校中的教学地位。此时，武术尚未成为高等教育中的一个专业，但从建制方面，高等教育本科武术专业的框架模式已初露端倪，本科武术专业教育开始萌芽发展。1961年，全国体育院校本科教材《武术》正式出版，为后期高等院校体育本科武术专业的建立奠定了基础。自1977年我国正式恢复高考至1997

年的20年间，教育部不断调整专业、重新编制专业目录，武术专业一直受到高度重视而被完整保留下来。1993年7月，国家教育委员会（现为教育部）重新颁布了《普通高等学校本科专业目录》，武术（代码040306）被列为适当控制设点专业，与其他7个专业共同构成教育学科体育学门类专业（代码0403）。

在国家调整和改革专业设置过程中，全国各体育院校相继成立武术系，并以武术专业开始招生，高等教育本科武术专业由此逐渐成长起来。在教材方面，全国体育学院教材委员会武术教材小组在1961年版《武术》的基础上先后修订5次，推动了该专业发展。之后，武术专业各分支课程相继成熟，独立开课，如理论学科中的中国武术史、武术理论基础、武术学概论、保健气功等；技术学科中的武术套路、武术散手以及太极拳等；交叉学科中的中医理论基础、中国文化概论等。武术专业正逐步建立起自己的学科群，形成一个较为科学、系统的专业体系。在此期间，全国各地的体育院系不断扩大武术专业规模，提高教育、教学、科研水平，有力促进了本科武术专业的发展。1998年7月，国家教育部颁布新的《普通高等学校本科专业目录》，体育学上升为一级学科，下设5个专业，武术专业拓展为民族传统体育专业（包括武术、中国传统体育养生、民族民间体育三个领域），其相关的教学内容已经拓展到了民族传统体育的范畴，武术工作者也相应拓展了教学、训练和研究等领域的范畴和内容。

经过不断地发展和完善，民族传统体育专业进一步完善为武术与民族传统体育专业，专业课程设置围绕中华武术、中国传统体育养生、民族民间体育三个板块，逐步建立起新的课程体系，一批新开发的课程相继进入课堂并出版发行了配套教材，如《民族传统体育概论》《中国传统体育养生学》等。民族传统体育的日益发展，不仅丰富了体育的项目内容，而且提升了该学科的领域地位。

当前，国家对高等教育的发展提出了更高的要求。社会对人才的需求逐渐呈现出"多层次、多规格、多样化"的特点，与社会的多元化需求相比，当前武术与民族传统体育专业人才培养密切相关的课程体系，亟须完善与改进。近年来，在原先武术课程的基础上，各院校武术与民族传统体育专业所辖课程围绕武术、中国传统体育养生、民族民间体育三个领域逐步建立起新的课程体系，各地的体育院校也有意识地引入了部分新的教学内容，如舞龙舞狮、脚斗士、健身气功等。但我们始终不能回避的现实是：在武术与民族传统体育专业建立的20余年里，民族民间体育高级人才的培养近乎空白。此外，纵观全国同类专业的发展，普遍面临着办学特色不够突出，人才培养同质化倾向明显等突出问题，其中人才培养缺乏特色已成为制约高校人才培养的瓶颈。

在这样的背景下，成都体育学院武术学院倡导以鲜明的区域性武术特色带动专业建设整体上台阶的理念，加强武术与民族传统体育专业的特色化建设，逐步形成三大特色。其一，以郑怀贤等老一辈武术家武术技艺为基础的"校本"武术特色；其二，以四川峨眉武术为支撑的巴蜀地域武术特色；其三，以民族体育为支撑的民族特色。三大特色交相呼应，确保专业的差异化、特色化竞争优势。

本书主要立足于我国学校民族体育项目特色，偏重各项目技术的教学与实践应用，但在内容的设置上增添了各个项目的历史沿革、特点概述及技术范畴等方面，用于拓展学生的知识广度及认知深度，在对其技术内容进行释义的过程中，主要针对技术的教学、训练及教学能力的培养等。民族传统体育项目众多，本书根据学校体育教学的需要，选取部分适合在学校开展的民族体育项目，将其中较为成熟的项目及学校实施较为普遍的项目进一步地进行筛选，立足于学校民族体育发展需求。本书主要选取除武术之外的六个项目进行研究，包括毽球、短兵、抖空竹、跳绳、舞龙、舞狮。本书难免有不完善的地方，敬请各位专家批评、指正。

目 录

第一章　民族传统体育概述 …………………………………………… 1

第一节　民族传统体育及其相关概念 ………………………………… 1
一、民族与民族体育 ……………………………………………… 1
二、传统与传统体育 ……………………………………………… 3
三、民间体育与民俗体育 ………………………………………… 4
四、民族传统体育 ………………………………………………… 5
五、少数民族传统体育 …………………………………………… 6

第二节　民族传统体育的起源与发展 ………………………………… 7
一、民族传统体育的起源 ………………………………………… 7
二、民族传统体育形成的基础 …………………………………… 10
三、民族传统体育的发展历程 …………………………………… 12

第三节　民族传统体育的特征与价值 ………………………………… 13
一、民族传统体育的特征 ………………………………………… 13
二、民族传统体育的价值 ………………………………………… 16

第二章　西南地区民族传统体育 ……………………………………… 20

第一节　西南地区民族传统体育形成的背景 ………………………… 20
一、西南地区地理概览 …………………………………………… 20
二、西南地区民族与文化简况 …………………………………… 21

第二节　西南地区民族传统体育项目的形成因素 …………………… 22

一、西南地区各民族传统体育项目的源起 …………………………… 22

　　二、节庆民族传统体育 ………………………………………………… 24

第三节　西南地区民族传统体育发展现状 …………………………………… 25

　　一、西南地区民族传统体育开展项目 ………………………………… 25

　　二、西南地区民族传统体育项目具体分布 …………………………… 26

　　三、西南民族传统体育项目开展情况 ………………………………… 33

第四节　西南地区民族传统体育的发展对策 ………………………………… 37

　　一、倡导在校园开展民族传统体育项目 ……………………………… 37

　　二、大力发展民族传统体育旅游产业 ………………………………… 38

　　三、加强民族传统体育的"非遗"传承与保护 ……………………… 39

　　四、利用现代媒体助推民族传统体育发展 …………………………… 40

第三章　毽球运动 …………………………………………………………… 41

第一节　毽球运动发展概述 …………………………………………………… 41

　　一、毽球运动的起源与发展 …………………………………………… 41

　　二、毽球运动的分类、特点与价值 …………………………………… 46

第二节　毽球运动的基本技术 ………………………………………………… 48

　　一、准备姿势与步法移动技术 ………………………………………… 48

　　二、发球技术 …………………………………………………………… 50

　　三、起球技术 …………………………………………………………… 50

　　四、踢球技术 …………………………………………………………… 53

　　五、垫（颠）球技术 …………………………………………………… 57

　　六、胸挺球技术 ………………………………………………………… 58

　　七、头顶球技术 ………………………………………………………… 59

第三节　毽球运动的教学与训练 ……………………………………………… 62

　　一、教学特点 …………………………………………………………… 62

　　二、教学方法 …………………………………………………………… 63

　　三、毽球运动的训练 …………………………………………………… 65

第四节 场地器材与设备 ·· 66
　一、场地 ·· 66
　二、器材与设备 ·· 66

第四章 短兵运动 ·· 68

第一节 短兵运动概述 ·· 68
　一、短兵形成与发展 ·· 68
　二、短兵运动的特征 ·· 70
　三、短兵运动技术特点 ··· 71

第二节 短兵运动基本技术 ·· 73
　一、短兵运动的实战姿势 ·· 73
　二、短兵运动的基本步法 ·· 77
　三、短兵运动的进攻技术 ·· 81
　四、短兵运动的防守技术 ·· 89

第三节 短兵运动教学与训练 ··· 93
　一、短兵运动教学 ··· 93
　二、短兵运动训练 ··· 99

第四节 场地与器材 ··· 102
　一、竞赛场地 ··· 102
　二、短兵规格 ··· 104
　三、其他器材 ··· 105

第五章 空竹运动 ·· 106

第一节 空竹运动概述 ·· 106
　一、空竹溯源及其历史演进 ··· 107
　二、空竹名称的演进 ·· 112
　三、空竹与民俗 ·· 112
　四、空竹的国际传播 ·· 114

五、空竹的发展特点 ·· 115

　　六、空竹的运动特点 ·· 117

　　七、空竹运动的价值 ·· 118

第二节　空竹运动的基本技术 ·· 119

　　一、双轮空竹基本技术 ·· 119

　　二、单轮空竹基本技术 ·· 135

第三节　空竹运动的教学与训练 ·· 143

　　一、空竹运动教学的原则与特点 ······································ 143

　　二、空竹运动教学的阶段 ·· 143

　　三、空竹运动教学的方法 ·· 144

　　四、空竹运动的训练方法 ·· 145

第四节　空竹的器材类型与制造工艺 ····································· 146

　　一、空竹运动的器材类型 ·· 146

　　二、双轮空竹、单轮空竹的构造 ······································ 148

　　三、空竹运动的辅助设备 ·· 148

　　四、传统空竹的制作工艺 ·· 151

第六章　跳绳运动 ··· 158

第一节　跳绳概述 ·· 158

　　一、跳绳历史发展 ·· 158

　　二、跳绳运动的特点 ·· 161

　　三、跳绳运动的价值 ·· 161

　　四、跳绳运动的形式 ·· 163

第二节　跳绳的基本技术 ·· 164

　　一、跳绳的准备姿势及握、摇绳方法 ································· 164

　　二、跳绳的总要领及动作方法 ··· 166

　　三、跳绳的花样技法介绍 ·· 167

第三节　跳绳运动教学与训练 ·· 171

一、跳绳教学的原则 …………………………………………………… 171
　　二、跳绳教学的阶段 …………………………………………………… 172
　　三、跳绳教学的方法 …………………………………………………… 174
　　四、跳绳的训练方法 …………………………………………………… 176
　第四节　跳绳的器材及运动要求 ………………………………………… 177
　　一、跳绳运动的器材类型 ……………………………………………… 177
　　二、跳绳的构造 ………………………………………………………… 178
　　三、跳绳运动的要求 …………………………………………………… 178

第七章　舞龙运动 …………………………………………………………… 180
　第一节　舞龙运动概述 …………………………………………………… 180
　　一、舞龙的起源 ………………………………………………………… 180
　　二、舞龙的形成 ………………………………………………………… 181
　　三、舞龙的现代发展 …………………………………………………… 183
　第二节　舞龙的特点与价值 ……………………………………………… 184
　　一、舞龙的特点 ………………………………………………………… 184
　　二、舞龙的价值 ………………………………………………………… 185
　第三节　舞龙的主要分类 ………………………………………………… 186
　　一、民间舞龙的主要分类 ……………………………………………… 186
　　二、竞技舞龙的主要分类 ……………………………………………… 187
　第四节　舞龙运动基本技术 ……………………………………………… 187
　　一、舞龙运动的基本动作 ……………………………………………… 187
　　二、舞龙运动的动作类别及内容 ……………………………………… 191
　第五节　舞龙运动教学与训练 …………………………………………… 194
　　一、舞龙的教学特点 …………………………………………………… 194
　　二、舞龙的教学原则 …………………………………………………… 195
　　三、舞龙的教学方法 …………………………………………………… 196
　　四、舞龙的训练方法 …………………………………………………… 197

第六节　舞龙运动场地器材与服饰 ································ 198
　　　　一、舞龙的运动场地 ·· 198
　　　　二、舞龙的器材 ·· 198
　　　　三、舞龙的服饰 ·· 198

第八章　舞狮运动 ·· 200

　　第一节　舞狮运动概述 ·· 200
　　　　一、舞狮运动的发展简史 ······································ 200
　　　　二、南、北狮的形成 ·· 202
　　　　三、舞狮运动分类 ·· 204
　　　　四、舞狮运动的特征 ·· 206
　　第二节　舞狮运动的基本技术 ······································ 207
　　　　一、南狮的基本技术及特点 ···································· 207
　　　　二、北狮的基本技术及特点 ···································· 212
　　第三节　舞狮运动的教学与训练 ···································· 213
　　　　一、舞狮运动的教学阶段 ······································ 213
　　　　二、舞狮运动的教学方法 ······································ 214
　　　　三、舞狮运动的训练方法 ······································ 214
　　第四节　舞狮运动场地与服装 ······································ 215
　　　　一、舞狮场地 ·· 215
　　　　二、舞狮服饰 ·· 216

参考文献 ·· 217

附录 ·· 222

导读索引：民族传统体育理论高屋建瓴的"基石"来自其概念的界定、发生与发展、特征与价值3个知识板块的建构。概念的界定有助于清晰把握民族传统体育的特有属性，发生与发展能更深层次阐明民族传统体育演进的内在机理，特征与价值能更清晰辨析其特色之处。

第一章 民族传统体育概述

我国是一个统一的多民族国家。在历史发展的长河中，各民族由于生存环境和社会文化的不同，逐渐创造了丰富多彩又各具特色的体育活动，如武术、摔跤、赛马、射箭、龙舟等。据《中华民族传统体育志》记载，我国民族传统体育项目有977项之多，其中汉族301项，少数民族676项，这些既是我国传统文化的重要组成部分，也是世界体育文化资源宝库中不可缺少的部分。

第一节 民族传统体育及其相关概念

提及民族传统体育，像赛马、射箭、龙舟等一个个鲜活的项目会自然地浮现在我们脑海中。作为一种客观的文化现象，这种具体的、生动的物质文化实体广泛存在于中华民族的生产生活中，但当我们提及民族传统体育的概念时，却有着"知其意而言不清"之状。概念是反映对象本质属性的思维形式，是我们认识判断事物的逻辑起点，其准确与否直接影响着人们的认识程度，且应有其历史性和时代性。为进一步促进民族传统体育学术交流的有效性，推动民族传统体育基本理论在"新"时代的发展，对民族传统体育概念的界定颇为重要。界定其概念必然离不开对以下几个相关概念的辨析与认识。

一、民族与民族体育

"民族"是我国近百年来开始逐步使用的一个词语。在历史发展中，人们在探索与思考民族现象时，"民族"的概念应运而生，也是人们了解和对待民族现象时亟须解决的问题。

概念是理论大厦的基石。"民族"概念源自何处？追本溯源，一方面从"本土化"的汉字构词角度看，在中国古代典籍中，"民"与"族"连缀使用具有悠久的历史，表述两个不同概念。"民族"一词最早出现在《南齐书》中，在该书卷五十四《高逸传》中有"今诸华士女，民族弗革"的语句，这里的"民族"与现代汉语语境中的"民族"概念在含义上比较接近[①]。另一方面从"舶来"的西方语境看，西方的"Nation"概念与"民族"概念具有历史渊源，Nation出自拉丁文natio，在西方语境的历史演进脉络中，均有"国家"和"民族"两层意义。由此，词汇上的"民族"源自本土，概念上的"民族"属于舶来品。"本土与舶来"，二者均诠释着"民族"概念的演进；舶来之品，历经本土化，使民族概念处于动态的发展过程，具有其流动性和时代性。

"民族"概念在演进过程中，不同时期深刻地反映出民族现象的变化以及人们认知能力的提升。在众多概念演变中，"人们在历史上形成的一个有共同语言、共同地域、共同经济生活以及表现在共同文化上的，共同心理素质的稳定的共同体"[②]，界定为"民族"概念，在学术界已达成共识。之后不同时期概念的演变，均是在这"四要素"的基础上进行再诠释，而反映时代之貌。学术界普遍认同"表现在共同文化上的共同心理素质"是民族最为显著的特征，如费孝通认为"表现于共同文化上的共同心理素质"这一特征可能比其他特征在形成和维持民族这个人们共同体上更显得重要[③]。不同的历史地理环境和气候特点往往孕育不同的种族，形成不同的生产和生活方式，进而引申出不同的思想情绪和审美习惯及价值观点，这就是民族文化形式产生、发展和延续的一般逻辑[④]。中华民族是中国境内56个民族的总称，在数千年的历史长河中，各民族的频繁接触，导致民族间文化的涵化、融合，最终形成中华民族一体化的文化格局[⑤]。总体来看，民族是一个历史范畴，是人们在历史上形成的以地缘关系为基础的共同体，有其发生、发展和消亡的过程。共同的地域和共同的经济生活是民族形成的条件，共同的文化、共同的语言是民族的客观特征，民族的自我意识和民族的自我称谓是反映民族形成条件和民族客观特征的根本要素[⑥]；因此，"民族"是一个具有社

---

① 邸永君. "民族"一词见于《南齐书》[J]. 民族研究，2004（3）.
② 斯大林. 斯大林全集：第11集[M]. 北京：人民出版社，1955：286.
③ 费孝通. 关于我国的民族识别问题[J]. 中国社会科学，1980（1）：17.
④ 周伟良. 中华民族传统体育概论高级教程[M]. 北京：高等教育出版社，2003：7.
⑤ 费孝通，等. 中华民族多元一体格局[M]. 北京：中央民族学院出版社，1989.
⑥ 卢元镇. 体育社会学[M]. 北京：高等教育出版社，2001：187.

会、文化、政治、经济等各方面含义且具有地方性色彩的"复合型"概念①。

从概念的隶属关系看,民族体育作为上位概念,它应该包括民族的传统体育和民族的现代体育②。以时间界限为线索来对民族体育进行定义,认为民族体育均以传统体育为主成为主流。界定民族体育的概念,关键在于把握"民族"的本体属性。民族的本体属性在于其"民族认同"。而为某个民族所产生民族认同意识的往往就是该民族的传统文化,正如安东尼·斯密斯所说的:"拥有共同的公共文化并对这一公共文化传统认同是民族的关键特征",所以某个民族的民族文化理应属于该民族的传统文化③。

各民族在历史发展过程中,创造了丰富多彩的文化,包括民族体育文化。作为民族文化的组成部分,民族体育是指"世界各个民族、各个国家、各个地域保留各自的传统体育项目和活动方式"④。随着民族及民族文化的发展,体育也经历了形成、传播、融合等文化发展模式。由于受到特殊的地理环境、生产方式、民族习惯等影响,某些民族体育的文化形式在其形成、发展过程中被赋予了不同的文化内涵,部分体育项目始终为个别民族所实践,部分体育项目则传播到更多的民族。总之,作为一种具有独特的发生发展机制的文化类型,民族体育与全世界范围内普遍流行的世界体育有着极大差异,具有古朴、自然、轻松、和谐及生活气息浓厚、娱乐色彩浓郁等特点,是当今体育不可缺少的组成部分⑤。

二、传统与传统体育

"传"指对原有文化的继承和衍传;"统"指原有文化的道统,多指精神文化,有时也包括制度文化。"传统是人类进行创造性活动、劳动过程中的沿传,是人们为实现自身价值和满足自身需要所获得的成果的凝聚结构。"⑥ 通俗来说,传统就是指历经自传而持久存在或一再出现的东西⑦。在目前的传统学中,"传统"被视为是一个与"现代"相对应的词语,但"传统"与古代并不具有固定的同一关系,其内涵和外延具有时代性的特点。尽管对传统的定义还没有形成共

---

① 马戎. 民族与社会发展 [M]. 北京:民族出版社,2001:4.
② 倪依克. 论中华民族传统体育的发展 [D]. 广州:华南师范大学,2004.
③ 涂传飞. 民间体育、传统体育、民俗体育、民族体育概念再探讨 [J]. 武汉体育学院学报,2009(11).
④ 中国体育科学学会. 体育科学词典 [M]. 北京:高等教育出版社,2000.
⑤ 周伟良. 中华民族传统体育概论高级教程 [M]. 北京:高等教育出版社,2003:8.
⑥ 张立文. 传统学引论——中国传统文化的多维反思 [M]. 北京:中国人民大学出版社,1989.
⑦ 倪依克. 论中华民族传统体育 [M]. 北京:北京体育大学出版社,2005:15.

识，但对传统的基本内涵还是普遍认可的：其一，传统是指从古到今一直流变的、根本性的东西；其二，是经由历史沿传来的具有一定特色的文化、思想、心态、道德、风俗、宗教、艺术、制度等"遗传因子"；其三，各地、各民族所创造的传统具有各不相同的形式和状态①。理解"传统"的外延，因为历史是流动的，传统也应该是流动的，要以动态的眼光来审视，认清传统的源头，并竭力厘清传统发展的路径和模式。只有这样，才能明确什么是传统。一般来说，人们把"鸦片战争以前"的中国文化称作中国传统文化。

界定传统体育，关键字眼在于理解"传统"。伽达默尔认为"传统是一个流动的、生成的过程，而不仅仅是一种已经生成和已被规定了的'在'者。"② 说明传统具有流动性，且在不断更新与交替之中呈现动态变化。故传统体育亦属于传承与流变之中的特殊体育文化形态。传统体育是传统文化的组成部分，是与传统社会同步形成和发展的。可以理解为，传统体育是在远古和古代产生、发展并保留较为固定的形制而影响至今的体育活动。随着时代的变迁，它或多或少地受到不同时代的影响，并产生顺应社会变革的变化③。中国传统体育是中国传统文化的重要组成部分，受农业社会的经济、政治观念影响而形成，随时代传承与流变、创新与创造的一种体育文化形式。

三、民间体育与民俗体育

关于民间体育的概念界定，核心在于对"民间"之"民"的认识。对于民间之"民"的研究经历了理性思索与清晰表达的过程。诸如，"下层民众""国民""劳动人民"等表达。1983年钟敬文改变了"民"或"民间"仅仅是劳动人民的说法，主张"民"是指存在各种内部差别的民族全体，他说："民众如果从民族这个角度上看，就是指世界各个民族的人民大众。"④ 目前，对民间之"民"的认识已定格在"全民"这一概念上。民间概念的外延也随之拓宽，通过现象探寻其本质特征，"大众性"最为显著。这一本质特征也决定了"民间体育"概念外延的宽泛性，凡是民众所参与的体育运动都能称为"民间体育"吗？国内较早提出的是在1982年出版的《中国大百科全书·体育》，民间体育被列于群众体育词条下，包括民间拳击、马术、拔河、跳板、秋千、爬竿等16项体育

---

① 张立文. 传统学引论——中国传统文化的多维反思 [M]. 北京：中国人民大学出版社，1989.
② 洪汉鼎. 解读伽达默尔《真理与方法》[M]. 济南：山东人民出版社，2001：9.
③ 倪依克. 论中华民族传统体育 [M]. 北京：北京体育大学出版社，2005：17.
④ 钟敬文. 民俗学概论 [M]. 上海：上海文艺出版社，1998：6.

项目。在这一词条下，只是以列举的方式列出了16项项目，并未给民间体育下任何定义。在2000年出版《体育科学词典》中，民间体育的概念被定义为"指在民间广泛流传的，具有浓郁的民族风俗和鲜明的地方特色的传统体育形式"①，强调民族或地域特色。随着民间体育研究不断深入，"民间"相对于"官方"的性质被广泛接受，民间体育也被界定为除官方和政府机构之外的一个外延广阔、在民众中开展的形形色色的体育活动②，相对于官方体育的组织化、制度化、专业化特征，民间体育具有非组织化、非制度化、非专业化等特征；按照民间体育是否具有传统性的特点，民间体育也可分为传统体育和非传统体育③。

对于民俗体育概念的界定，其一，上文中民间之"民"与民俗之"民"乃同义表达。其二，还需厘清民俗之"俗"为所指？国内外学术界对"俗"的范围的认识也不断扩大，后来钟敬文把"俗"的内涵确定为"集体的、类型的、继承的和扩布的"，具有这些特性的就是"俗"④。若给"民俗"一词下定义，则须明晰其本体属性。从"俗"的内涵来分析，民俗的本体属性在于它是一种模式化的生活文化，从这个角度上看，民俗也是一种"具有普遍模式的生活文化"⑤。由此，民俗体育的核心在于"民俗"，故其本体属性也是一种普遍模式的生活文化，在生活文化中演绎，形成了具备传统性、仪式感、模式性的文化形态。因此，民俗体育是指在民间民俗文化以及民间生活方式中流传并满足人们多种需要的文化形态。其产生与发展依赖于民俗节日发展，融入和依附于民众日常生活的风俗习惯（如节日、礼仪）中，并在一定的空间内流传的生活化的体育文化。

四、民族传统体育

上文已陆续对"民族""民族体育""传统体育"等相关概念进行界定，任何学科的发展都必须建立在具有"真理性""正确性""科学性"的学科概念之上。故对于"民族传统体育"的复合型概念的界定也是研究本学科的首要任务。"民族传统体育"作为正式称谓，是从1997年国务院学位委员会和国家教委将其

---

① 中国体育科学学会. 体育科学词典 [M]. 北京：高等教育出版社，2000.
② 王俊奇. 也论民间体育、民俗体育、民族体育、传统体育概念及其关系 [J]. 体育学刊，2008，15 (9)：101-105.
③ 涂传飞. 民间体育、传统体育、民俗体育、民族体育概念再探讨 [J]. 武汉体育学院学报，2009，43 (11)：27-33.
④ 钟敬文. 新的驿程 [M]. 北京：中国民间文艺出版社，1987：3.
⑤ 高丙中. 民俗文化与民俗生活 [M]. 北京：中国社会科学出版社，1994：51.

作为体育学一级学科下的四个二级学科之一而出现的。当前国内学者对"民族传统体育"的定义，比较权威的观点主要有4种：①民族传统体育是各民族世代相传、具有民族特色的各种体育活动的总称；②民族传统体育是在古代体育的基础上延续下来的，因此是指近代体育传入以前，我国各民族就已有的体育活动；③凡是目前在一些民族地区仍流传的具有民族特色的体育活动，包括自娱活动都属于民族传统体育范畴；④民族传统体育是具有民族性、传统性、体育性的活动项目。对此概念及以上民族体育、传统体育、民间体育、民俗体育的梳理，反映了民族传统体育文化自身的多维性特点，造成了不同学者对其有不同理解和关注；另外，也反映了人们对民族传统体育认识上的模糊、混乱，从而在理论和实践上造成了一些误导，出现了偏差，影响到对民族传统体育的进一步深入研究和规范化管理。

对民族传统体育的概念，需要用普遍联系的、发展的观念来看，从实际出发，从客观存在的事实出发。就本书所列的民族传统体育项目而言，都是我国各民族的传统体育项目，因此将民族传统体育概念界定为：近代以前我国各族人民已经采用并流传至今的体育活动内容、社会表现方式与价值观念的总和①。

五、少数民族传统体育

对于少数民族传统体育概念的界定，其中"少数"与"多数"相对应，"多数"应指"汉民族"，即"汉民族传统体育"相对应的便是"少数民族传统体育"。我国汉族人口居多，其地域特色、民族风情在运动项目中彰显得不是特别明显，故一般的"民族"往往用来称呼"少数民族"，而"少数民族传统体育"常指民族体育活动。

少数民族传统体育从产生到发展，具有浓厚的民族性与地域性特色，其内容形式贴近生活，是少数民族生活文化的写照。鲁迅先生在《且介亭杂文集》中说："只有民族的，才是世界的。"的确如此，纵观当下国际体育，很多皆能在少数民族体育活动中探寻其雏形。少数民族传统体育既是一种民族文化，也是构建现代世界体育文化宝库的重要途径。因此，少数民族传统体育可以定义为：少数民族传统体育是中华民族传统体育的重要组成部分，在各少数民族中由历史凝聚而传承，是注重民族文化特色和身心发展的文化活动。

综上，对于民族传统体育相关概念的阐述与界定，旨在厘清各概念间的关

---

① 熊晓正. 机遇与挑战 [J]. 成都体育学院学报，1988（4）：21-28.

系，探寻每一概念的本体属性，为本学科理论的建设提供宏观与微观的知识点，明晰理论，正确实践，进一步推动民族传统体育学科的现代化进程。

第二节　民族传统体育的起源与发展

起源、形成、发展，是体育发展必经之道，民族传统体育亦是如此。民族传统体育文化底蕴浑厚，故民族传统体育源起生存生活之需，在自然与社会环境等因素下形成，历经社会各个阶段而发展，属于社会综合之力下的产物。

一、民族传统体育的起源

在研究民族传统体育的起源时，从宏观和微观角度入手探寻，无论是运用文献考证，还是文明考察，抑或是文物考古等方法，只有尽可能地"逐渐接近"建构民族传统体育起源的理论架构。因其文化体系"形式多样，内涵丰富"，故探究其起源，在不同角度与方法的"集合"下，得出下列源流之处。

（一）生产劳动

生产劳动，是原始社会人类最为基本的活动，且是为了生存与生活的第一活动。从事生产劳动，在对生产工具的运用方法不断更新，人的体能不断提升之中，使形式多样的民族传统体育活动随之而生。

远古时期，生产力有限，人类主要靠狩猎、采集、捕鱼等生产活动来维持生存。为了生存的需要，人们必须掌握一定的生产技能。其中狩猎是远古时期人类的主要生产劳动方式之一。弓箭在狩猎中是最有效、最具杀伤力的一种工具。古书对弓箭的记载，如谯周《古史考》："柘树枝长而鸟集，将飞，枝弹鸟，鸟乃号呼，以柘为弓，因名曰乌号。"故可推断出射箭民族传统体育项目的雏形便源于此。除弓箭之外，以狩猎为主还衍生有"跑（赛跑）、跳（跳山羊）、攀（爬花杆）、骑（骑马）"等传统体育项目；以林业和渔业为主的生产劳动，发展了苗族、侗族、布依族的龙舟，赫哲族的"叉草球"等传统体育活动。古时人类为获取生产资料，借助和运用自然之物，既可生存，也丰富了本民族的文化底蕴。

诸如上述与生产劳动密切关联的民族传统体育活动分布在各个民族，且是适应自然的自然产物。由此，在漫长的历史过程中，原生态的传统体育活动逐渐从生产活动中脱离出来，成为常见的民族传统体育活动。生产劳动成为民族传统体育项目的主要源流。

（二）原始信仰

原始社会，由于生产条件受限，先民们对自然现象和自然灾害无从解释而产生了畏惧心理，大自然在他们心中的概念可为"万物皆有灵"，于是开始用种种活动形式以图感动自然力量，因此，远古时期最盛行的"感动自然之力"的原始信仰——宗教信仰与巫术信仰油然而生。在原始信仰中，民族传统体育活动的雏形也应运而生。

图腾崇拜是早期人类普遍的宗教信仰之一，不同的氏族往往以某一动物或植物为图腾，将其视为自己的文化先祖[①]。在图腾崇拜的宗教信仰影响下，以动物为图腾的氏族，衍生出舞龙灯、游蛇灯、赛龙舟等民族传统体育活动；以植物为图腾的氏族，演变出节日，如"火把节"，节日中派生出"跑马、摔跤、斗羊"等带有节日气氛的民族传统体育活动。先民们借助图腾崇拜来表达自己的精神活动，图腾崇拜的活动形式也随之孕育了各自民族的传统体育项目原型。

史前的巫术中孕育着"潜体育"[②]。由此，巫术是早期人类普遍的原始信仰的另一方式。英国人类学者弗雷泽将原始巫术分为接触巫术和模仿巫术两种形式。比如，古时清明时节，素有"竞纵纸鸢，以相勾引，相牵剪截"的放风筝现象，便与接触巫术相关。模仿大自然生灵而成的"巫舞"，就是表达内心想法的一种肢体活动形式，形似巫术。巫术信仰从而无形中诞生了民族传统体育活动原貌。

除原始信仰之外，"祭祀"也对民族传统体育的产生有一定影响作用。在祭祀仪式上通过舞蹈、竞技、角力等敬神祭祖，祈祷娱神，祈求庇护。在《周礼·地官·舞师》中记载："掌教兵舞，帅而舞山川之祭祀。"其中的"舞"与"祭祀"折射出相关体育活动的影子。

原始信仰的崇拜，祭祀的仪式，在原生态的环境下，都需要身体的参与，以肢体活动来表达自身对大自然的信仰与愿望，这种肢体活动对民族传统体育项目的产生具有积极的推动作用。

---

① 周伟良. 中华民族传统体育概论高级教程［M］. 北京：高等教育出版社，2003：33.
② 郝勤. 龙丹虎道［M］. 成都：四川人民出版社，1994.

（三）军事战争

原始社会末期，随着私有制的出现，各部落间产生了掠夺战争，以武力掠夺成为当时的普遍现象。冷兵器时代，军事战争对将领与士兵的身体素质和武器使用极为重视，因此，为适应战争的需要，保护本氏族部落的安全并掠夺其他部落的财富，带有军事性质的体育活动应运而生。

人们常以围猎的方式或操练的性质进行军事训练，以提高作战能力。诸如，《别录》记载"蹋鞠，兵势也，所以练武士，知有材也，皆因嬉戏而讲练之。"其中的蹋鞠，即蹴鞠。其产生与军事训练有一定渊源。战争的产生，萌发了许多民族传统体育活动的雏形，除了弓箭、戈矛等兵器外，还有武舞、摔跤等内容。当今世界最为流行的"马拉松运动"便源于著名的"马拉松平原战役"，羌族的推杆比赛，相传源于羌族人利用木制长矛击退侵略者的战争后，而举行欢庆的民族传统体育活动。这些活动逐渐成为民族传统体育独立形态的重要内容。

战争之余，对战争胜利起积极和关键作用的运动方式便往往被迁移到日常生活中。它既代表着一种和平的向往，也凝聚着各族人民的生活智慧[①]。由此，军事战争，迫于生存之道，成就生活之慧，成为民族传统体育项目产生的最原始动力之源。

（四）健身娱乐

物质生活和精神生活都是人类生存的必需，在长期的历史发展中，先民们生活在自然淳朴的生态环境中，生产劳作之余，也需要体力和精神的丰富和调节，以满足生活的基本需求，一些带有自娱自乐性质的传统体育活动，便在这种身体和心理需求下形成并发展，体现出了民族传统体育活动的健身娱乐性。

原始氏族，乃属集体生活，呈现共同劳作、共享欢乐的社会现象。《吕氏春秋·古乐》载有，"昔葛天氏之乐，三人操牛尾，投足以歌八阕。"表现当时载歌载舞之情景，属于生活的写照。健身娱乐是当时原始游戏的本质反映。在原生态环境中，没有现代虚拟游戏，要让当时人们获得娱乐性，唯有肢体活动方能实现。如此，各民族产生了荡秋千、跳绳、风筝等体育游戏，虽有游戏之味，但潜移默化推动了人们的参与，也使民族传统体育活动形式呈现多样化、趣味化的原

---

① 周伟良. 中华民族传统体育概论高级教程［M］. 北京：高等教育出版社，2003：35.

始风格。

　　劳动之余的闲暇方式，是各族人民生活文化的真实写照；健身娱乐也是各族人民潜意识的向往，故健身娱乐是民族传统体育项目最直接的源泉。

（五）教育传承

　　教育传承，贯穿人类进化的全过程，是社会发展前进的动力，对于民族传统体育项目起源颇具重要性。诸如，人类在生产劳动的同时也须自身繁衍，以此推动整个人类的发展和进步。通过教育来实现人类自身生活经验的传承，从而达到使后代的认识和实践能力提高的目的。这些教育的内容不仅体现在智慧上，还表现在如何强健身心，以保证后代的身心健康。在这些社会意识的推进下，促使以人类繁衍自身和教育后代手段的民族传统体育项目随之即来。

　　关于民族传统体育起源问题需要"从事实上获得研究对象在发生学意义上的起点和初始状态"[1]。当前关于体育的起源问题，尚无定论，对于民族传统体育的起源，同样要求我们必须建立在足够翔实和有意义的历史基础之上，唯其如此，才能得出科学的结论。在前述民族传统体育五个主要的起源交融推动下，民族传统体育项目呈现出"内涵丰富，精彩纷呈"之貌。

二、民族传统体育形成的基础

（一）自然环境

　　自然环境，孕育了各民族独特的文化面貌，也创造了自然而然的传统体育活动。文化的自然与传统活动的自然，为民族传统体育的形成奠定了独到的"先天"基础。一方面，自然环境影响着人们的生存生活方式。在远古采集狩猎时期，生活在山区及森林的人类，学会了利用藤蔓和树枝进行飘荡或者攀岩的技能，成为后来的秋千等传统体育活动的雏形；生活在河边的人类，首先学会了游泳、用舟等技能，产生了如龙舟、水傀儡等传统体育活动。另一方面，自然环境影响着人们的生产生活方式。农业生产为人类提供必要的生活产品的同时，较长的生产周期也使人类有了大量闲暇时间，为一些娱乐、健身和竞技活动的产生提

---

[1]　周伟良. 中华民族传统体育概论高级教程［M］. 北京：高等教育出版社，2003：25.

供了条件。生活在草原地区的人们，形成了以游牧为主的生活方式，在生产生活中逐渐学会了驯育使用马匹的本领，形成了赛马、叼羊、骑射等传统体育活动。

"百里不同风，千里不同俗"，折射出自然环境、地域文化的差异，从而谱写着精彩纷呈的民族传统体育活动，为其形成奠定了浑厚的文化底蕴基础。

（二）宗法制度

农耕社会的特性决定了我国古代以血缘关系和祖先崇拜为纽带所形成的宗法制度。在漫长的中国封建社会里，统治者强调"重农抑商""以农立国"，家庭关系的血缘伦理与皇权至上的政治伦理高度统一的封建伦常关系根深蒂固。因此，许多民族传统体育活动并不是日常的锻炼或竞技，而是按农业节气周期性的祭祀祖先和祝福的民俗化礼仪，如春节的舞龙舞狮、端午节的龙舟竞渡等[1]。以血缘为纽带形成的宗族关系，使人们在长期的生活中形成了重人情礼俗的心理定式和文化传统，民族传统体育反映着农业社会中人生不同阶段的礼仪和伦理，这些内容在古代的射礼、投壶等传统项目中都有所表现，尊敬祖先和重视宗族关系的特色，在许多中国少数民族传统体育活动中也有较为明显的体现。

在自然环境的先天孕育中，宗法制度对民族传统体育的形成具有"后天"决定性的影响。在丰富社会规定性的基础上，使民族传统体育的传承与传播具有"宗法制度"的特色。

（三）文化环境

文化环境，是民族传统体育形成基础中的核心层。一方面，在远古时期，当时人们对于自然的科学认识不足，对自然现象缺乏理解，形成了"万物有灵"的原始思维，把自然界许多事物都归结为"神"的力量，通过对"神"的祭拜，以佳肴美味、赞歌颂词、舞蹈竞技对其膜拜和讨好，也促进了许多民间体育活动的形成，如舞龙舞狮、秧歌等在特殊的节日和仪式中开展的体育活动，都是基于娱神、祈福等目的而开展的。另一方面，长期的农业社会，塑造了中国人"天人合一"的哲学思想，强调人与自然的和谐统一和个人的内外协调，并形成了强调人格、崇尚气节、重视情操的道德品质，在中华民族传统体育的精神品质中有所

---

[1] 倪依克. 论中华民族传统体育 [M]. 北京：北京体育大学出版社，2005：23.

体现，如气功、太极拳等传统体育活动。

以自然环境为"先天"条件，宗法制度为"后天"影响，文化环境为"核心"内层；在历史长河中，三者合力，积累沉淀，奠定了民族传统体育的形成基础，也让当下的民族传统体育项目能在三者中探寻其雏形所在。

三、民族传统体育的发展历程

中华民族传统体育历史源远流长，早在原始社会，就有了民族传统体育的萌芽。人类为了生存，开始了从狩猎捕鱼到放牧耕种的生产实践，对攀登、爬越、投掷、射箭、操舟、游泳等独特技艺的总结，为民族传统体育的发展奠定了一定的基础。同时，部落之间的战争，演变为民族传统体育中具有竞争性、对抗性的项目。在生活中为适应环境、战胜疾病而创造的驱寒祛湿、拔背抻筋的理论和方法，至春秋时期也导致了导引养生术的产生。诸如此类，使民族传统体育自产生后，其演进随着社会的进步而呈现动态发展过程。

在原始社会中处于萌芽状态的中国民族传统体育，到夏、商、西周时期，已经发展成为射、御、骑术、骑射、操演、武舞、田猎、手搏、跑、跳跃及水上运动等项目，并成为古代养生思想与实践的发端。

春秋战国时期，产生了"练为战"的民族传统体育项目和"练为看"的民族传统体育项目，民间娱乐体育如蹴鞠、投壶、围棋、六博、竞渡、秋千等也普遍发展。此时导引养生运动也已出现，体育观、养生观和养生术出现了百花齐放的局面。

秦时期，由于政治原因，民间开始禁武，但军事武艺及宫廷项目迅速发展。西汉、三国时期剑术的演变、刀术开始兴起，蹴鞠、击鞠、角抵戏丰富多彩；两晋、南北朝时期出现了盛况空前的围棋运动。

隋唐时期文化发达，体育运动得到了快速的发展，球类发展较快，射箭、长兵器、角力运动也受到重视，盛况空前。但宋元明清时期，球类运动渐衰，民间武艺盛行，导引养生理论及功法随社会发展而有长足的进步。

及至近代，为抵御外侮，武术盛行，并且与中国古代朴素唯物主义结合，使其富于哲理，与仿生学结合使武术具有艺术魅力，在练习过程中融入古代导引气功，达到内外兼修、身心并重的境界，将古代经络演说用于武术以攻敌避害，且与传授医道结合，形成武医不分家的盛况。

进入21世纪，民族传统体育作为传统文化得到了重视，并且形成了学科体系，从理论到实践层面，民族传统体育都迎来了复兴的机遇。

第三节　民族传统体育的特征与价值

民族传统体育作为传统优秀文化的重要组成部分，是各民族受自然环境、生产方式、文化气息等因素影响衍生而成，独具民族特征与价值的传统体育。在概念的引入下，着重对民族传统体育的特征及价值进行探究，能更好地传承优质民族传统体育项目，弘扬民族精神，丰富世界文化宝库。

一、民族传统体育的特征

（一）民族性

民族传统体育具有强烈的民族性，这是民族传统体育的本质特征，在中华大地上的各个民族在其长期的历史进程中形成了具有本民族特色的风俗习惯。民族传统体育与民族风俗习惯紧密结合、互相渗透，形成了民族传统体育的民族性特征。

民族传统体育的民族性主要体现在独特性和群体品格两方面。独特性表现为民族传统体育项目与本民族独特的自然环境、生活方式、价值观念等因素相关联，所产生的民族传统体育项目自带"民族特色"标签。纵观许多民族传统体育项目，其活动形式和规则以及隐藏在其中的精神价值，与各民族的传统文化和性格特点都息息相关，如多个民族所共有的项目摔跤，蒙古族摔跤叫"博克"，维吾尔族摔跤叫"且里西"，彝族摔跤叫"格"，藏族摔跤叫"北嘎"，其比赛方式、比赛规则和技术风格有所不同，体现出各自民族的特色。群体品格，属民族性显性代表。"民族性不仅是体育民俗鲜明的形貌特征，也是它活动内容和精神底蕴的突出特征。民族性就是一个民族的群体品格。"[①] 无论是苗族的接龙舞，还是"那达慕"上的赛马，诸如此类项目均带有强烈的民族认同，经过长期的传承，承载了民族的群体性格，体现了民族的精神风貌。

许多民族传统体育项目，在传承发展的过程中会随着时代的变迁而有所改变，或者融入其他民族传统体育的某些因素，但其"文化特质"始终保持一致，

---

① 盛琦，丁志明. 中国体育风俗 [M]. 天津：天津人民出版社，1992.

从而书写独特的民族性特征。

（二）地域性

民族传统体育具有地域性特征。中华大地幅员辽阔，面积广袤，各地的地理环境、自然条件、生存方式等方面存在着较大的差异。民族传统体育受到这些自然条件下的生产生活方式的影响，形成了独特的地域性特征。

民族传统体育的地域性主要体现在自然和社会环境差异的影响下，各族人民所表现出来的选择与适应。对地理形态的选择与适应，便衍生了"南人善舟，北人善马"的地域特色民族传统体育项目。再如，蒙古族自古以来就生息在祖国北方辽阔的草原上，"逐水草而徙"的游牧生活使蒙古族人精骑善射，摔跤、赛马、马术等体育项目都具有浓郁的草原民族特色。居住在云贵高原西南峡谷区的大理白族，其传统体育项目有赛马、赛龙舟、秋千等，而古越一带的人民，因林木繁茂，善制舟楫，巧于操舟等。对自然和社会文化环境的选择与适应，便有了"百里不同风，千里不同俗"的雅称，由此而产生的民族传统体育项目，既是各族人民生活的写照，也是地域文化的反映。

"一定地域，因其自然环境和周边环境的不同，其社会环境必然会有所差异，这种差异也会反映到该区域繁衍生息人群的文化心理中，又从一定生产与生活等文化现象中凸显出来。"[1] 由"环境差异——文化心理——生产生活——传统体育项目"这一循环折射出民族传统体育项目独有的地域特征。

（三）传统性

民族传统体育历史久远，在不同时代的发展、演化过程中，虽有变革、扬弃或丰富，但其核心和主旨仍保持沿袭的内涵和固定的仪式，并在变异过程中有所遵循，保持着与传统文化的继承关系，即民族传统体育项目的传统特征。

民族传统体育的传统性主要体现在各民族的体育活动保留着"原生态"的意味。如藏族羌族的锅庄、纳西族的东巴跳、彝族的跳火绳、傣族的孔雀拳等在传承过程中体现的是一种自然与自由的传统；水族"端节"的民间赛马、瑶族的长鼓舞遵循世代承袭的传统方式；壮族的打铜鼓在艺术上表现出浓烈而醇厚的民族审美效应；客家体育按纵向流传、演变和发展；哈尼族武术、气功、摔跤、

---

[1] 卢兵. 中华民族传统体育文化导论 [M]. 北京：民族出版社，2005.

射弩、角抵戏等体育项目，经历了几千年的承袭、发展和演变，同样继承了先前的传统。

在长期的历史发展中，这些传统体育活动都是人们长期积累总结下来的实践经验，其传统性决定了传统体育项目的生命力。似有民族"传统"的味道，彰显时代"传统"的特色。其中民族"传统"谓之"不变"的"原生态"；时代"传统"的传统谓之"变"的"活艺术"。在民族传统体育项目演进中，始终如一，方显各民族的传统特色。

（四）娱乐性

"重娱乐，轻竞技"是民族传统体育技术风格特征的写照。人们在生产劳动之余的闲暇时光，为满足精神需要及丰富社会文化生活，创造了富含娱乐性的传统体育活动。这既是人类生存、享受和发展的基本要求，也是民族传统体育项目不断丰富和发展的动力源泉。

民族传统体育的娱乐性从远古时期的"娱神"过渡到"娱人"，均达到了身心愉悦的目的。在这种心态下，衍生出许多表演性和娱乐性居多的项目。"娱神"之象乃是出现在"宗教祭祀"中"手舞足蹈"类的舞蹈，或称"巫舞"，是现代舞蹈的雏形；再到"娱人"之境。如"农者每春时，妇子以数十计，往田插秧，一老挝大鼓，鼓声一通，群歌竞作，弥日不绝，是曰秧歌。"（李调元《南越笔记》）反映出"秧歌"时欢腾的景象，表现民众的自娱自乐之态。许多项目都是通过自娱自乐的游戏方式进行的。如彝族的跳乐、佤族的陀螺、德昂族的篾弹弓等，具有典型的娱乐特征。

在过去相当长一段时期内，民族传统体育项目对于生活在条件艰苦、较为偏远的少数民族而言，是他们主要的休闲、娱乐方式。随着民族传统体育项目的普及与发展，其中的趣味性、娱乐性特征将会使其更具魅力。

（五）多样性

民族传统体育的多源发生、多向发展、多元并存和多样统一，是传统体育文化发展的常态和规律[①]。根据这一常态和规律，加之我国民族众多、地域特征明显、宗教信仰各异等因素，民族传统体育呈现出多样性的特征。

---

① 曾于久，刘星亮. 民族传统体育概论[M]. 北京：人民体育出版社，2000.

"内容丰富，形式多样"是民族传统体育多样性的有力表现。诸如按"目的性"不同来划分，多样性便如下所述。以休闲娱乐为主，衍生出钓鱼、风筝、舞蹈等项目；以健身养生为主，发展出太极拳、导引术、吐纳法等项目；以竞技为主，产生了毽球、马术、押加等项目。以多样性折射出参与民族传统体育的适应性。老少妇孺、中青年均能按照自己的喜好与年龄特点参与适合自己的民族传统体育项目，参与面广，也同样表现出多样性的特点。

我国是多民族国家，民族间传统文化差异明显，形成各民族自身的文化类型和特点。其文化类型与特点的外显便是民族传统体育多样性的源泉。

二、民族传统体育的价值

"价值是事物满足人们主观需求的产物，更多的是人们主观追求的结果。"[①]由此，民族传统体育在历史长河中，历经时代洗礼，演变为内涵丰富、形式多样的民族传统体育项目，反映了各自民族的文化内涵。在发展历程中，各自民族的价值观念、价值取向等重要因素使得民族传统体育的价值体系更加明晰与系统化。

（一）民族认同价值

民族认同感是在团体内部的朴素依赖和相近的价值观念及伦理道德、审美情趣的基础上形成的，它是一种民族内部成员对本民族的自豪感和亲近感[①]。民族传统体育对于自身民族认同感的培养，其体现的价值更加实体化。

民族传统体育中民族认同价值，一方面，通过参与者之间的情感交流、意志磨炼、观念交际等活动来体现。诸如，舞龙、拔河、龙舟竞渡等活动，其场面气势恢宏，热闹非凡；这些现象均使项目技术更加精湛，人们产生情感共鸣，进而增强了各族人民的群体意识。于外，体现民族自豪感；于内，体现民族自信心，从而彰显强烈的民族认同感。另一方面，在群体品格反映的民族性特征下，于"图腾崇拜"下衍生的民族传统体育活动更具凝聚力，是各民族的一种文化象征和文化标签，进一步凸显其民族认同感。

在民族发展过程中，随着时代与社会的变迁、民族之间的融合，民族产生时所具有的共同地域及血缘关系、文化等都可能发生不同变化，人们对一个民族存

---

① 周伟良. 中华民族传统体育概论高级教程［M］. 北京：高等教育出版社，2003.

在和发展的态度就构成了民族的认同[①]。民族传统体育作为民族认同载体之一，对培养民族认同感的价值具有积极促进作用。

（二）教育价值

"中华民族传统体育作为一种具有深刻的历史内涵和丰富的活动内容的文化类型，在儿童启蒙、劳动教育、道德修养和审美情趣的培养等方面都发挥着不可替代的作用，从而保证了其社会文化价值的实现。"[②] 正因如此，民族传统体育从起源到发展，均体现出教育价值所在。

就起源而言，在原始社会时期人类狩猎技术的传授、劳动经验的交流、生活习惯的保持等一系列活动中，对于身体活动能力的培养占据重要位置，也是原生态的人类教育形式。依发展而论，随着社会的进步，很多民族传统体育活动都为他们获得体验、获取知识提供了帮助，对其日后的体育生活和社会生活产生积极的影响。也使得教育价值从"一元化"演变为"多元化"，诸如从掌握动作技能，到学会组织学习，再到精神价值的熏陶，均是民族传统体育教育价值的体所现。

民族传统体育的雏形来自原生态的生产劳动，自形成后，便具有了鲜明的文化色彩，成为社会文化活动。在民族传统体育项目的发展中，人们主要通过不同的方式和途径来体悟其中的民族文化，提升自身的素养，从而增进整个社会的精神文明。因此，教育价值乃是民族传统价值的根本。

（三）经济价值

民族传统体育是现代社会的一种消费活动，与生产服务密切相关。民族传统体育在自然经济的基础上生成，随着社会经济的发展，其本身所蕴含的经济价值越来越被大众认同。

民族传统体育可通过四种产业模式来实现其经济价值。第一种产业模式，民族传统体育本体产业。即以民族传统体育自身特性进行生产或服务的部门。诸如，民族传统体育相关培训业，竞赛表演业，健身娱乐业等。第二种产业模式，民族传统体育相关产业。即以民族传统体育为重要资源和手段进行生产和服务的

---

① 张选惠. 民族传统体育概论 [M]. 北京：人民体育出版社，2004.
② 周伟良. 中华民族传统体育概论高级教程 [M]. 北京：高等教育出版社，2003.

部门。诸如，民族传统体育用品、服饰、设备等。第三种产业模式，民族传统体育延伸产业。即民族传统体育产业周围形成的综合网络，以民族传统体育资源为主，纵横交错，前后延伸。诸如，民族传统体育旅游、宣传广告和电视传播等。第四种产业模式，民族传统体育边缘产业。即为更好地发挥民族传统体育本体产业的作用与效益而提供服务的综合服务部门。诸如，举行民族传统体育比赛或培训，为其提供食宿、纪念品之类的产业。通过以上几种产业模式，形成产业链，带动社会经济的发展。

民族传统体育的经济价值，是时代的赋予。故在发展其经济价值时，要突出时代特色，以中国特色为大方向，创造经济效益是民族传统体育价值的动力之源。

（四）娱乐价值

受农耕文化的影响，"娱乐身心"是民族传统体育另一追求目标。民族传统体育活动形成之初，多以自娱自乐的消遣性和游戏性的活动形式为主，吸引大众参与，凸显其娱乐身心的价值。

民族传统体育娱乐价值的实现，主要通过两个途径。第一，直接方式——参与。民众通过亲自参与各项民族传统体育活动，感受娱乐价值。诸如，秋千的空中姿态，能使心境更加开阔；赛马的急速，能体会速度带来的乐趣。第二，间接方式——观赏。因民族传统体育项目适应性而异，若未能亲自参与，作为观众，观赏民族传统体育项目带来的视觉效果，亦能感受娱乐价值。诸如，民运会中，推杆的精彩博弈，让你身临其境去感受；蹴鞠的冷静判断，让你静下心来，为之喝彩。人们通过这两种途径，无论是直接还是间接，都能体悟到民族传统体育带来的娱乐身心之感。

"重娱乐，显趣味"是民族传统体育的写照。通过参与各种民族传统体育项目，从身体的锻炼到意识的磨炼，再到精神的满足，从而达到愉悦身心的目的。故娱乐价值是民族传统体育的魅力所在。

（五）健身价值

民族传统体育源于生产劳动，其基本活动方式便是通过身体运动来完成。在发展历程中，作为原生态重要的健身养生手段，与社会文化发展紧密相联。在历史长河中的积淀与提炼，丰富着我国健身养生理论与技术体系。其健身价值不容忽视。

对于民族传统体育的健身价值,本书主要从以下两个方面对"增强体质"加以说明。一方面,民族传统体育从产生之初就为生活而练,攀爬翻滚,练就身体之型,从而有利于塑造体格之态;另一方面,发展之初,为生存与兽搏、与人斗而衍生出的民族传统体育活动,提升了体能与身体素质。随着科技的进步,通过参与民族传统体育活动,促进人体的生长发育,提高运动能力,改善内脏器系,调节心理,提高适应能力。

民族传统体育的健身价值是最基本的价值。在全民健身导向下,健身意识越具明显化,民族传统体育的价值也就越具时代性。

思考题:
1. 什么是民族传统体育?
2. "民族体育、民间体育、民俗体育"之间的关系是什么?
3. 结合实际,分析民族传统体育的特征与价值。

导读索引：西南地区是一个多民族的地区，因其地域环境的特殊性、经济文化生活方式的差异性、宗教信仰以及民风民俗的不同而对民族传统体育有着深刻的影响，从而形成了丰富多彩的民族传统体育项目，本章主要针对西南地区民族传统体育的起源、形成、发展以及推动其发展的对策进行阐述。以便更深层次地开发区域性民族传统体育资源及文化内涵，扩大各民族的体育文化交流。

第二章 西南地区民族传统体育

西南地区包括四川省、云南省、贵州省、重庆市和西藏自治区，有汉族、藏族、回族、蒙古族、羌族、苗族等民族，是一个多民族的地区。其独特的生态环境、经济文化类型、宗教文化、民俗节庆等对民族传统体育有着深刻的影响，形成了精彩纷呈的民族传统体育项目，彰显其丰富多彩、底蕴深厚的民族体育文化特征。

第一节 西南地区民族传统体育形成的背景

一、西南地区地理概览

西南地区主要指云贵川三省、重庆市和西藏自治区。云南省总面积约为39万平方千米，全省大致可以分为东西两大地形区，大体上，西北部是高山深谷的横断山区，东部和南部是云贵高原。全省气候类型丰富多样，有北热带、南亚热带、中亚热带、北亚热带、南温带、中温带和高原气候区共7个气候类型。贵州省总面积有17.6万平方千米，全省地貌可分为高原、山地、丘陵和盆地4种基本类型，属高原山地，境内地势西高东低。贵州省气候温暖湿润，属亚热带湿润季风气候。四川省总面积约48万平方千米，西部为高原、山地，东部为盆地、丘陵，全省分为四川盆地、川西高山高原区、川西北丘状高原山地区、川西南山地区、米仓山大巴山中山区五大部分，以亚热带半湿润气候及高山高原高寒气候区为主。重庆市总面积8.2万平方千米，丘陵、山地地形居多，因坡地面积较大，人们称之为"山城"，重庆气候温和，属亚热带季风性湿润气候。西藏自治区总面积122多万平方千米，地貌分为喜马拉雅山区、藏南谷地、藏北高原和藏东高山峡谷区。气候类型自东南向西北依次有热带、亚热带、高原温带、高原亚寒带，高原寒带等类型。西南地区相似的高原、山地、丘陵等自然地理环境，为西南民族传统体育发展创造了良好的自然条件。

二、西南地区民族与文化简况

（一）主要少数民族简要

截至2021年，云南省总人口4690万人，少数民族人口总数超过1500万人，是仅次于广西壮族自治区的第二个少数民族人口大省。云南省少数民族有25个（每个少数民族均超过5000人），分别为彝族、白族、哈尼族、傣族、壮族、苗族、傈僳族、回族、拉祜族、佤族、纳西族、瑶族、景颇族、藏族、布朗族、布依族、普米族、阿昌族、怒族、基诺族、德昂族、蒙古族、水族、满族、独龙族，且分布在云南全省。

截至2021年，贵州省人口有3852万人，少数民族人口1200多万人，世居民族有汉族、苗族、布依族、侗族、土家族、彝族、仡佬族、水族、回族、白族、瑶族、壮族、畲族、毛南族、满族、蒙古族、仫佬族、羌族18个民族。

截至2021年，四川省有常住人口8372万人，少数民族人口490.8万人。四川省除汉族外，还有多个少数民族，其中5000人以上的少数民族有彝族、藏族、羌族、苗族、回族、蒙古族、土家族、傈僳族、满族、纳西族、布依族、白族、壮族、傣族14个。四川有中国第二大藏区、最大的彝族聚居区和唯一的羌族聚居区。四川少数民族主要聚居于凉山彝族自治州、甘孜藏族自治州、阿坝藏族羌族自治州及峨边彝族自治县、北川羌族自治县等地。

截至2021年，重庆市常住人口3212.40万人，少数民族人口193万人，主要以土家族、苗族、回族、满族、彝族、壮族等民族人口居多，且56个民族均在其中。少数民族主要聚居区位于渝东南的重庆市黔江区、石柱土家族自治县、彭水苗族土家族自治县、酉阳土家族苗族自治县、秀山土家族苗族自治县等地。

截至2021年，西藏自治区总人口366万人，少数民族人口270多万人，是主要以藏族为主体的民族自治地区，除了藏族外还有世居的回族、纳西族、怒族、门巴族、珞巴族以及尚未被识别的僜人、夏尔巴人。主要分布在西藏的南部和东南部，跨境而居。

众多的民族居住生活在西南地区，在这片土地上进行着政治、经济、文化等的交流学习，各民族之间不断融合，开展各项活动，为西南民族传统体育的发展奠定了基础。

（二）西南地区民族文化简要

各民族因其地理环境差异，生产生活方式不同，风俗习惯有别，故而形成独特的民族文化风情。云南的民族文化与民俗民风形成的音乐、舞蹈、花卉、茶文化都是云南的特色文化表现；贵州是战国秦汉时的夜郎国，不但有近代的革命文化，还有全国有名的酒文化、民族菜等民族文化；四川与重庆文化的主体是巴蜀文化，是以古巴蜀地区为依托，历史源远流长，已有5000余年；藏族文化是中国甚至是世界文化中的一颗明珠，具有底蕴深厚的民族文化，此大环境为民族传统体育的产生奠定"摇篮"基础。

在漫长的历史发展中，各民族创造了独特的民族文化，如服饰、语言、节日、食物、宗教、信仰、风俗、音乐、舞蹈、药物、民间文学等，展现了各族人民的智慧和创造力。在各种民族文化熏陶下产生的丰富多彩的民族传统体育，为人们的生活、健身、娱乐、观赏提供了方便，极大地丰富了人们的社会文化生活。

第二节　西南地区民族传统体育项目的形成因素

一、西南地区各民族传统体育项目的源起

（一）生产劳动

依据西南地区经济基础，在以自然经济为主的农业社会中，人们为了生存，最根本手段便是生产劳动。而狩猎和农事是人们生活生产方式中最主要的两个活动，是民族传统体育项目最直接的内容反映。以狩猎为起源的体育项目主要围绕着跑、跳、投、攀、射、骑等活动展开。衍生出如土家族的飞石子，藏族的青稞塞力，白族的赛马等民族传统体育项目。有的项目是根据犁田、插秧、割谷、挑

担等各种姿势编成，例如，用以反映丰收后喜悦心情的民间舞蹈最终演变为富有特色的民族舞蹈。在四川的甘孜与阿坝，其生产劳动与马有关，故而衍生出与"马"相关的民族传统体育项目。

（二）古代军事

西南地区地形复杂多变，人民多居于边陲地区，在历史上各统治阶级间的相互斗争和民族矛盾频发的背景下，人民出于对自己家园的保护不得不拿起武器投身于战斗。在长期的战斗中，各民族人民积累下丰富的持械或徒手格斗的经验，并随着社会的变迁与历史的发展形成了各种带有军事体育色彩的体育项目。诸如云南的射弩、藏族的马上射箭、苗族的摔跤等。民族传统体育均是源自战争中人们智慧的结晶。

（三）民俗民风

西南地区少数民族传统体育项目中有不少是反映社会现实生活的，由民风民俗演变而成，主要依托于大型节日中反映活动内容。诸如，彝族"火把节"中的赛马、摔跤；苗族"花山节"中的跳芦笙、斗牛；布依族"跳花会"，是青年男女通过社交活动选择自己的意中人的节日，社交活动便是民族传统体育之源。在各族民俗民风的影响下，形成独特而丰富的民族传统体育项目，通过活动，达到了锻炼身体，交流情感的目的。

（四）祭祀崇拜

民族的文化崇拜可分为对宇宙和大地的自然崇拜、对图腾信仰习俗的崇拜及对祖先们的崇拜。因崇拜而起的祭祀活动项目，在一代代沿袭中，发展成有民族文化特色的传统体育项目。诸如，藏族的"锅庄"，源于宗教活动的跳神舞；彝族的"跳火绳"，源于彝族人民对星神的崇拜。故民族传统体育均是通过宗教祭祀崇拜时的各种仪式产生而传播的。

（五）娱乐身心

一些民族体育项目是为了满足人们的娱乐身心需要而产生的，均带有较强的娱乐性和趣味性，它们对场地要求不高，易于组织。诸如，侗族的"抢花炮"、回族的拔河、布依族的踢毽等。此类民族传统体育活动均充满生活情趣，有着浓厚的乡土气息，彰显了娱乐性和趣味性，是人们文化生活的真实写照。

二、节庆民族传统体育

西南地区民族节日种类繁多、交叉融汇，主要有宗教祭祀节日、生产活动的农事节日、集贸性节日、纪念节日和社交娱乐节日等，并在节日举办各种民族体育活动。通过这些活动能把某一个民族的传统文化通过形象以直观的方式表现出来，并使我国古老的文化得以复活重现。从表2-1中，能直接反映出，少数民族传统的节日里都有他们独有的庆祝方式及相应的民族传统体育活动。这些活动有的是为了庆祝、有的代表信仰、有的为了促进民族交流、有的为民族后代发展而开展，是我国民族文化不可缺少的一部分，是解读传统文化的最具"地气"的重要"窗口"，亦是传承传统文化的重要载体。

表2-1 各民族主要节日及体育活动一览表

分类	节日	时间	体育活动
宗教祭祀节日	藏历年（藏族）	正月二十三	角力、举重、射箭
	盘王节（瑶族）	农历十月十六	打长鼓、歌舞
	祭鼓节（苗族）	农历十月至十一月的乙亥日	跳踩鼓舞、斗牛、龙舟
	社巴节（土家族）	农历正月初三到初七	毛古斯、摆手舞
	祭鸟节（白族）	农历二月二十九	
	三朵节（纳西族）	农历二月初八	歌舞娱乐、赛马等
	拉木鼓节（佤族）	春耕前	摔跤、撵山等
	祭山（彝族）	农历一月初二	游山、赛马、歌舞、游戏
	祭山神龙潭（普米族）	农历二月初八	集队行走、集体歌舞
	祭龙（哈尼族）	农历二月二	敲牛皮鼓、吹巴马等
	六月六（布依族）	农历六月初一	玩山
	二月二（侗族）	农历二月初二	
	端节（水族）	农历八月至十月	赛马、跳芦笙等

(续表)

分类	节日	时间	体育活动
农事节日	望果节（藏族）	每年秋收以前	赛马、射箭、歌舞等
	惹岛节（佤族）	春耕时节	
	火把节（彝、白、佤、景颇、哈尼、拉祜、傈僳、布朗、阿昌、普米等族）	农历六月二十四	斗牛、摔跤、射箭、拔河、打秋千
	羌历年（羌族）	农历十月初一	载歌载舞、跳沙朗、锅庄等
	尝新节（彝、白、佤、景颇、哈尼、傈僳、壮等族）	农历七月初七	唱山歌、耍武术等
纪念节日	端午节（白族、哈尼族等）	农历五月初五	赛龙舟
	刀杆节（傈僳族）	农历二月初八	观看"上刀山、下火海"活动
	雪顿节（藏族）	藏历七月一日	赛牦牛、马术表演等
	四月八（苗族）	农历四月初八	上刀梯、打花鼓、武术等
	赶年（土家族）	农历腊月二十九	跳摆手舞、舞"茅古斯"等
	盘王节（瑶族）	农历十月十六	跳盘王舞、长鼓舞、铜铃舞等
	搭桥节（拉祜族）	农历四月五日	
	特懋克（基诺族）	农历三月间	打山羊、跳三踩脚、驱鬼舞等

第三节 西南地区民族传统体育发展现状

一、西南地区民族传统体育开展项目

西南地区民族传统体育以身体文化为表现形式，讴歌民族历史、展现民族经济生活，凝聚民族文化艺术，强化并发展民族宗教信仰，传承民族原始教育特征。众多的体育项目和丰富的内容是民族传统体育文化资源的重要组成部分。据统计，该地区民族传统体育项目有479余项，占全国民族体育项目总数的48%，其中代表性项目有70余项[①]。西南地区各民族经常开展的民族传统体育项目见表2-2。

---

① 张选惠. 民族传统体育概论 [M]. 成都：电子科技大学出版社，2013：61.

表2-2 西南地区经常开展的民族传统体育项目一览表

省（区）市	民族	经常开展的民族传统项目
云南	彝族、白族、哈尼族、壮族、傣族、苗族、回族、傈僳族、拉祜族、佤族、纳西族、瑶族、景颇族、土族、普米族、怒族、德昂族、基诺族	射弩、吹枪、陀螺、赛马、双拐、秋千、武术、龙舟、摔跤、跳芦笙、跳竹竿、拔河、花鼓、丢花包、钩廉舞、霸王鞭、斗牛、双拐、抢花炮等
贵州	苗族、布依族、侗族、土家族、彝族、仡佬族、水族、回族、黎族、壮族、畲族、瑶族、毛南族、仫佬族	武术、赛马、射弩、打抛、踢毽、抢花炮、陀螺、打秋千、摔跤、龙舟竞赛、打手毽、水棋、甩花包、磨磨秋等
四川	彝族、藏族、羌族、回族、苗族、土家族、蒙古族、傈僳族、满族、纳西族、布依族、白族、壮族	射弩、民族式摔跤（格北嘎、且西里、绊跤）、蹴球、押加（格吞）、珍珠球、马上项目（速度赛马、走马、跑马射击、跑马射箭、跑马拾哈达）、推杆、打浪桥、扎西巴鲁、热热莎、苗族手毽、爬花杆、磨尔秋、抱石头、转山会等
重庆	土家族、苗族、蒙古族、回族、彝族、满族	土家摆手舞、土家板凳龙、竹龄球、龙狮舞、武术、高脚马、毽球、花灯、竹马、扭扁担、举石、棋乘三棋、秋千、陀螺、腰鼓、龙舟等
西藏	藏族、回族、门巴族、珞巴族	马术（马上射击、马上射箭、马上拾哈达、速度赛马、走马）、抱石头、北嘎（藏摔）、吉韧（指弹克郎球）、碧秀（响箭）、射弩、押加、拔河、赛牦牛、谷朵、掷股子、踢毽子、赛跑等

二、西南地区民族传统体育项目具体分布

西南地区各民族传统体育项目与其独特的地理环境、经济状况、社会历史和民族文化等密切相关，民族群众参加民族体育活动与喜庆节日密切相关。可以根据节日类型把民族传统体育活动分为娱乐节日类、传统节日与祭祀类、农事劳作类和闲暇娱乐等，这些节日中开展的活动，展现了民族传统体育活动在人民生活

中的重要性和不可替代性。以下对西南主要省、市、自治区的民族传统体育项目及分布做简要介绍。

(一) 云南省民族传统体育项目种类及分布

云南省少数民族大多居住在山区或半山区,由于自然条件及地理环境的差异性以及不同民族在生活方式、宗教信仰、节日习俗和民族性格的迥异,从而形成了独具特色的传统体育文化和不同的民族传统体育活动,且集娱乐、健身为一体,与生产生活息息相关。表2-3是云南省15个少数民族的传统体育项目。

表2-3 云南省少数民族传统体育项目[①]

民族	民族传统体育项目
白族	赛马、赛龙船、霸王鞭、秋千、仗鼓、登山、耍火龙、打陀螺、跳伟登、跳火把、人拉人拔河、老虎跳、跳花棚、洱海龙舟赛
纳西族	东巴跳、秋千、赛马、占占夺、飞石锁、丽江球、跑罐子、偷狐儿、拨拨拉、内窝扑(射箭)
哈尼族	磨秋、打陀螺、摔跤、赛蒙抬、打石头架
傈僳族	弩弓射箭、泥弹弓、尼昂急、傈德德(跳高)、德细来火(跳远)、爬树、爬竹竿、逮来火(爬山)、拉肚夺、扭扁担、划爬子比赛、拉绳、爬绳比赛、四方拔河、皮球得来火、皮球丢、赖地、"背什"(踢脚)、滑板子、跳牛、砍竹竿、投掷
傣族	赛龙舟、象脚鼓对踢、丢包、藤球、跳竹竿、打陀螺、赛舟、青蛙赛跑、鸭子赛跑、游泳跳水、堆沙、傣拳、武术
佤族	射弩、布隆(摔跤)、布冷(陀螺)、爬竿、牛尿泡球、布球、藤球、莫海亚、能顿、重章撒(高跷、竹脚)、顶杠、卓威达威(拔腰力)
拉祜族	射鹖、蜡河毕、一长扒(陀螺)、打马桩、投茅、鸡毛球、丢包、嘎克依峨达、迈切切、扁达(摔跤)、阿浅(秋千)、戛水戛都(高跷)、卡扎吸峨(跳绳)、哈鸣郭、瓦逮、贾祖巴(瞎子摸鱼)、扎底戛打、拳术器械(自由拳、老虎拳、鸭形拳、鸡爪拳、拉祜棍术、单刀防兽术、防身单刀九步法、小刀术、双刀术、双棍术、链夹术)

---

① 刘坚. 云南省少数民族传统体育非物质文化遗产保护与传承研究 [D]. 北京: 北京体育大学, 2012.

（续表）

民族	民族传统体育项目
景颇族	火枪射击、爬滑竿、拉拉、扭杆、顶杠、秋千、跳高、摔跤、蛇龙、赶猪、走子棋、刀术
布朗族	藤球（托球）、亚都都、斗鸡、爬竿、射箭、跑马
阿昌族	耍象龙、荡秋、车秋、蹬窝罗、射弩、猫赖过（刀术）、阿昌拳术、晃赖过
普米族	射箭、射弩、磨秋、摔跤、击鸡毛球、板羽球、布球（堵鲁）、跳高、赛跑
怒族	溜索、跳竹、怒球、虎熊抱石头、踢脚（脚斗）、划猪槽船、滑草、摔跤
德昂族	射弩、梅花拳、左拳、武术（左震脚、北足拳、簸箕拳、拨大压拳、二十一步套门拳、狗拳、德昂棍术、五刀半、十二动双刀、十七步刀、十二步棍、双剑、三叉、勾镰）
独龙族	射弩、溜索、登独木天梯、绳梯、跳高、撑竿跳、摔跤（阿扁）、老熊抢石头、滑草、拉姆、网石（响石）
基诺族	跳嘎（跳牛皮鼓）、竹竿比赛、羊打架、摔跤、高跷、藤条拔河、游泳、射弩、射箭、打毛毛球、泥弹弓

（二）贵州省民族传统体育项目种类及分布

贵州省少数民族传统体育项目非常多，居住在贵州省的苗族、侗族、布依族、土家族、水族、彝族、仡佬族的传统体育项目超过80个[1]，大多属于游戏、舞蹈类和角力类，骑术和射击类最少，贵州省各少数民族居住特点呈"大杂居、小聚居"形式，有些项目存在于多个民族中，它们在不同的节日中举行。表2-4是贵州省世居的17个少数民族的传统体育项目。

---

[1] 冯胜刚. 贵州省少数民族传统体育与民族地区农村学校体育互动式发展的研究［C］//第七届全国少数民族传统体育运动会科学论文报告会获奖论文集. 北京：民族出版社，2003：169.

表2-4 贵州省17个世居少数民族的传统体育项目列表①

民族	项目
苗族	射弩、划龙舟、独竹漂、抢花炮、摔跤、打陀螺、赛马、秋千类（磨秋、八人秋）、鼓舞类（跳鼓、木鼓舞、猴鼓舞、踩鼓舞、打花鼓）、武术类（苗拳、蚩尤拳）、接龙舞、舞龙舞狮、踩火龙、上刀梯、毽球类（掷鸡毛球、打手毽、抛荷包）、芦笙类（芦笙拳、滚山珠、垒营盘、斗四方、芦笙刀）、爬坡杆、跳竹竿、打花棍、耙棒类（打耙棒、抵耙棒、坐耙棒）、射背牌、牛肉干、倒挂金钩、踩高跷、母鸡抱蛋、穿花衣裙赛跑
布依族	射弩、划龙舟、赛马、抱花腰（摔跤）、打陀螺、扭扁担、纺花赛、织布技巧、拍线球、丢花包、扔绣球、踢花毽、登山、爬山寻踪、射箭、划竹排、划三板船、打水枪、水上飘石、游水追鸭、打石仗、武术、铁链械、投标杆、荡秋千、打磨秋、高脚马、跳独脚、甩秋、武术、背锣球、抵杠、舞龙舞狮
侗族	抢花炮、龙舟、踩芦笙、摔跤、打三棋、裤裆棋、母猪棋、舞龙头、骑木马、哆毽、滚烂泥、学斗牛、潜水摸鱼、打泥巴仗、多高贝、踩石轮、草球、勾林、月牙挡、虾公舞
土家族	划龙舟、摆手舞、茅古斯、金钱杆、丢花包、秋千打磨秋、莲花十八响、抢鸭子、摔跤、扁担劲、耍石陀、斗角、搭撑腰、石锁、石担、跳红灯、打飞棒、踢毽、撒尔嗬、板凳龙、舞草把龙、地龙、踩脚马、抢贡鸡、抱磨盘赛跑、抵杠、潜水游泳、滚环、捡子、摇旱船、脚踩独龙穿急流、攀藤、倒挂金钩、跳马儿、抱蛋、武术
彝族	射弩、摔跤、舞铃挡、陀螺、射箭、武术、海马舞、秋千、磨秋、打鸡毛、射击、蹲斗、跳花鼓、爬竿、古蔗、跳牛、跳板凳、跳小单门、跳鸡毛球、抓石子、弹豆、耍龙、耍狮子、老虎抢蛋、杠术、顶斗、对手拉、抵肩扭扁担、三雄夺魁、拔萝卜、跳高脚马
水族	赛马、铜鼓舞、斗角舞、芦笙舞、舞龙、耍狮、水棋、打手毽、武术、扭扁担
瑶族	射弩、打陀螺、打猎操舞、射箭、打粉枪、独木桥、人龙、打长鼓、踩独木划水、打木球、鸡毛球、掷石戏、打泥陀、抛花包、点冲天炮、推竹杠、播公、武术、耍春牛
仡佬族	打蔑球、较脚劲、高台舞狮、打磨秋、秋千、踢毽子、打茅瘩
壮族	武术、打磨秋、跳桌、棋类、踢毽、打陀螺、打尺子、顶杠、母鸡护窝、抢花炮、抛绣球、舞狮、舞龙、摔跤

① 李涛. 贵州省少数民族传统体育项目调查分析的研究［D］. 北京：北京体育大学，2008.

(续表)

民族	项目
回族	武术、掷子、木球、爬木城、扭扁担、打陀螺
白族	打胀鼓、赛花船、打霸王鞭、登山、陀螺、跳火把、耍海会、人拉人拔河、老虎跳
蒙古族	摔跤、骑射、赛马、马术表演
羌族	推杆、武术、射击、气功、摔跤、扭棍子、溜索等
毛南族	舞火龙、猴鼓舞、打猎舞、上刀梯、咬铁火、同顶等
满族	赛马、秋千、赛船、摔跤、珍珠球、抓嘎拉、跑马城、撞拐、老鹤子叼小鸡、满洲棋、翻绳、踢毽子
畲族	武术、登山、打尺寸、操石躁、骑海马、竹林竞技、耙槽舞
仫佬族	凤凰护蛋、抢花炮、舞草龙、群龙争珠、象步虎掌

（三）四川省民族传统体育项目种类及分布

四川省各民族的传统体育项目一方面体现了本民族文化特色，另一方面反映了地缘的融合性。四川复杂的地域特征使得这一区域民族体育项目集"空中、马上、水上和陆上"四大运动于一体，彰显民族风情，表2-5为四川少数民族地区主要民族体育项目一览表。

表2-5 四川少数民族地区主要民族体育项目一览表[①]

项目名称	民族	主要活动时间	主要流行区域	备注
摔跤	彝族	火把节、集会、婚嫁及其他节日	凉山州	
	藏族	节日庆典、宗教活动等	阿坝州、甘孜州	
	白马藏族	12月禁火节、正月十五驱鬼节	平武县、南坪县	
扯手	彝族	婚嫁、闲时	乐山马边县	当地称卡惹则
推杆	羌族	婚嫁、节日庆典	阿坝州	又名拉牛或奔牛
大象拔河	藏族	节日庆典	阿坝州	
格吞	藏族	节日庆典	甘孜州、阿坝州	

---

① 魏佐涛. 川西民族体育旅游资源优势及开发对策研究 [J]. 乐山师范学院学报，2007（5）.

(续表)

项目名称	民族	主要活动时间	主要流行区域	备注
射击	羌族	婚嫁、重要集会	汶川县、茂县	
	藏族	赛马日、木榔节	红原县、若尔盖县、阿坝州	
爬杆	彝族	喜庆节日	凉山州边远地区	
赛马	彝族	节日集会、婚丧	凉山州	
	藏族	拉卜楞野游节、赛马节、转山节	阿坝州及藏区	
跳火绳	彝族	火把节、庆典及其他佳节	大凉山	
蹲斗	彝族	火把节、农闲时及其他佳节	大、小凉山	
	彝族	彝族年节、火把节、庆典	凉山州	
荡秋千	羌族	春节	阿坝州羌族自治县	分荡秋和纺车秋两种
	白马藏族	节日	平武县、南坪县	白马藏族称为阿哇
	彝族	彝族年节、火把节、庆典	凉山州	
赛牦牛	藏族	年节时	阿坝州	
扯保打沙	白马藏族	年节、庆典及其他节日	平武县、南坪县	类似于拔河两人较力运动
搭底板	白马藏族	年节等	平武县、南坪县	打毽子
火炬接力	白马藏族	正月十五驱鬼节	平武县、南坪县	
顶头、顶拳头	白马藏族	节日宗教大会	平武县、南坪县	
跳沙朗	羌族	节日、婚嫁、丧葬	阿坝州羌族自治县	"喜庆沙朗"和"忧事沙朗"
大锅庄	藏族	年节、庆典、闲时	藏区	
小锅庄	藏族	年节、庆典、闲时	藏区	
跳神	藏族	木榔节	藏区	
火咧	彝族	节日、婚嫁、庆典	凉山州	
披毡舞	彝族	喜庆时	凉山州	
对脚舞	彝族	喜庆时	凉山州	

（四）重庆市民族传统体育项目种类及分布

重庆市少数民族居住在湘、鄂、渝、黔4省市交汇地区，这里除具有大西南独特的地形地貌外，也是历代豪强争相割据的战略要地。勤劳勇敢的人们为了民族的生存与发展，同自然灾害、猛禽野兽、兵灾匪祸艰苦斗争。在生生不息的生产生活中，既练就强健的体魄，培养坚韧英勇的品质，也逐渐形成了独特的民俗文化，产生了具有地方特色的少数民族体育活动（表2-6）。

表2-6 重庆市少数民族传统体育主要项目及分布①

民族	民族传统体育项目
土家族	摔跤、扁担劲、斗角、搭撑腰、耍蛇、石锁、石担、肉连响、跳红灯、打飞棒、划龙舟、秋千、踢毽、撒尔嗬、板凳龙、花棍、骑竹马、踩脚马、抢贡鸡、抱磨盘赛跑、抵扛、拉头巾、踏木桩、潜水游泳、漂滩、滚坛子、滚环、捡子、摇旱船、舞草把龙、茅古斯、地龙、脚踩独龙穿急流、攀藤、撑杆跳远、拔地功、倒挂金钩、玩抱姑、高脚马、武术、射箭、跳马儿、抱蛋、打粉枪、对顶木杠、独木桥、人龙、打猎、打长鼓、打陀螺、摆手舞、花灯舞、鹿子灯舞、铜铃舞、游泳
苗族	射箭、射弩、摔跤、脚踢架、扭扁担、拉鼓、布球、穿花衣（裙）赛跑、穿针赛跑、跳芦笙、踢毛菌、舞吉保、芦笙拳、划龙舟、磨秋、八人秋、斗牛、爬坡杆、板凳龙、跳鼓、打毛毽、打花棍、爬花杆、上刀梯、掷鸡毛球、猴儿鼓、接龙舞、舞龙、舞狮、跳狮子、打泥脚、打禾鸡、打草蛇、织麻赛跑、踢枕头、芦笙刀、金钱棍、武术
回族	掼牛、打木球、武术、摔跤

（五）西藏自治区民族传统体育项目种类及分布

西藏自治区主要有藏族、门巴族、络巴族，是个多节日的民族地区，传统节日内容丰富，涉及当地人民物质、精神生活等各个方面，与当地人民的思想、感情、道德、行为、习惯和宗教信仰等紧密相连。民族传统体育是这些传统节日的主要内容之一，这些体育项目对于活跃民族节日氛围、增强各民族群众的广泛参

---

① 敖洪. 重庆市少数民族传统体育现状及其发展研究 [D]. 重庆：重庆大学，2007.

与及增强体质和促进民族文化传承起到了积极的作用（表2-7）。

表2-7 西藏自治区民族传统体育项目①

功能分类	特点分类	项目
竞技类	骑射类	赛马（达久）、骑术（达则）、马上射布、射箭、响箭（碧秀）、射布、骑马捡哈达等
	力量	抱石头（朵加）、摔跤（北嘎）、
	技巧类	大象拔河（押加）、甩石头（古朵）
	水上项目	游泳、划牛皮船与筏（者当高知）
	球类	马球、踢毽、藏式台球（吉韧）
	武术	武术（知合则）、使矛术、搏斗术、砍术等
娱乐类	游戏	放风筝（浪交）、狼吃羊（姜古堂鲁）、吉朝、掷骰子（"秀"）
	棋牌	藏棋（究何）、巴塘藏棋、和尚棋（扎久）、多眼棋（密芒）、藏牌（卜合青）
养生、健身类	舞蹈	锅庄、踢踏（"堆谐""朗玛"）、果谐等
	健身	藏密气功、登山（转山）

三、西南民族传统体育项目开展情况

（一）少数民族运动会概况

1953年在天津举办了第1届全国少数民族运动会（以下简称"民运会"），1982年，第2届全国少数民族运动会在内蒙古自治区呼和浩特市举办，此后便形成了每4年举办一届"民运会"的传统。随后，"民运会"在天津市、内蒙古自治区、新疆维吾尔自治区、广西壮族自治区、云南省、贵州省等省、直辖市、自治区举办了11届。为深入贯彻落实民族政策，进一步继承和发展民族民间传统体育，增强各族人民体质，由国家民族事务委员会和国家体育运动委员会联合主办、地方承办的民运会，其宗旨是展示各少数民族的精神状态、文化特色以及竞

---

① 王先茂. 西藏中小学民族传统体育开发的调查研究［D］. 武汉：华中师范大学，2014.

技体育的发展水平，体现各民族同胞之间"更近、更亲、更爱、更康乐、更和谐"的民族体育理念和精神。"参与、交流、欢聚、和谐"是民运会的永恒主题①。以下是最新全国少数民族运动会举办时间、地点以及基本情况。

第十一届全国少数民族运动会于2019年9月在河南郑州举行，设置了秋千、押加、板鞋竞速等17种竞赛项目和竞技类、技巧类、综合类三类表演项目。本届运动会是全国少数民族传统体育运动会首次在中部省份举办，来自全国31个省（自治区、直辖市）、新疆生产建设兵团、解放军等共34个代表团的7009名运动员，共同角逐17项竞赛项目和194项表演项目。运动会期间，还举办了少数民族传统体育文化展、民族大联欢等活动。

西南地区各省市举办"民运会"概况：①云南省举办"民运会"概况：1955年5月云南省顺利举办第1届云南省少数民族传统体育运动会。第1、2届民运会主要以表演为主，从第3届起，民运会项目设置为竞技和表演两大类，从第5届民运会起，已基本形成4年举办一届的定制。第7届民运会将表演项目分为室内和室外表演两种。现今已开展了11届。参赛人员从第3届民运会的573人发展至第11届的2788人。云南省16个地、州、市都不同程度地开展了地、州、市少数民族运动会。②贵州省举办"民运会"概况：在2018年11月成功举办了第9届少数民族运动会。③四川省举办"民运会"概况：2018年9月举办了第15届少数民族运动会，对四川民族传统体育项目的发展起到了促进作用。④重庆市举办"民运会"概况：重庆直辖以前代表四川省参加了3届（第3届、第4届、第5届）全国少数民族传统体育运动会，1997年重庆成为直辖市后，积极参加此后的每一届民族运动会并取得较好的成绩，但至今重庆没有举办过少数民族运动会。⑤西藏自治区举办"民运会"概况：2018年7月成功举办了西藏第十二届运动会暨第四届民族传统体育运动会，共有1200多名运动员参加。通过以上省市举办情况的统计，无论是举办，还是参与，都对本地区的民族传统体育起到了推动作用；对民族传统体育项目的保护与发展都具有积极意义。值得注意的是，因民运会四年举办一次，且地区市运动会或民运会并未每年举办，导致很多项目的发展减缓，人们的喜爱程度降低，甚至个别冷门的民族运动项目被忽略淘汰。

（二）西南地区学校开展民族传统体育情况

民族传统体育项目的发展，不仅需要在各民族的节庆、休闲时开展表演，参

---

① 王虹，赵晓玲. 全国少数民族传统体育运动会研究［J］. 体育文化导刊，2009（11）：134-136.

加全国及本区域的民族运动会，还在于如何促进其传承。民族传统体育项目进入学校，以学生为本，以项目为主，以文化为根，拓展民族传统体育在学校教育领域的影响力，民族传统体育进入学校是传承民族文化重要途径之一。

目前，云南省部分大学在大力开展民族传统项目，包括云南师范大学、云南民族大学、玉溪师范学院、楚雄师范学院、红河学院、普洱学院等，其教学内容主要包括武术、吹枪、秋千、竹竿舞、打陀螺、抢花炮、射弩、板鞋竞速、脚斗士、蹴球等项目[①]。在四川省少数民族地区学校中，均已开设了少数民族传统体育课程，其开设项目多以全国民运会的部分民族传统体育比赛项目为主，如高脚竞速、板鞋、蹴球、珍珠球、陀螺等项目[②]，多以民族传统体育比赛项目为主。

贵州省部分学校开设少数民族传统体育项目，如高脚竞速、押加、蹴球、舞龙舞狮等项目，但少数民族传统体育项目开展的水平良莠不齐，开展项目也相对较少。重庆市各地学校也相继开设民族传统体育项目，但对于重庆市处在市边缘以农业生产为主的广大农村开展其活动的师资、教材等都有些力不从心。藏区"9+3"教育和"牧民定居"计划的实施都创造了良好的条件，藏族传统体育项目也引起了学校一定的重视，在西藏自治区的中小学也相继开展了民族传统体育项目。西藏自治区的民族传统体育项目在学校的开展分为学校课间活动、学校运动会、"民族文化周"活动、学生自主参加的校外民族传统体育活动。

虽然西南各地区都有相应地开展学校民族传统体育项目的课程，但是课程内容选择、师资、场地器材、经费及学校重视度都是民族体育进入学校发展的重要影响因素。因此，我们需进行因地制宜，全盘考虑，融民族传统体育于学校，借助学校这一重要平台，利用民族传统体育宝贵资源，以文化发展民族传统体育，以教育传承民族传统体育，推动学校对民族传统体育的传播与发展。

（三）西南民族传统体育旅游产业化发展

西南地区各民族拥有民族气息浓郁和地方特色突出的民族传统体育项目。其项目历史悠久，源远流长，绚丽繁多，构成民族文化的重要组成部分，为体育旅游业发展提供了可持续利用的宝贵资源。西南地区部分省市旅游景点概况：①云南省旅游景点。云南旅游线路中昆大丽香（昆明、大理、丽江、香格里拉）这

---

① 普春旺，余贞凯，董建平. 少数民族传统体育与学校教育传承现状分析 [J]. 玉溪师范学院学报，2014，30（9）：64-67.
② 李建辉，覃荣周，卢永雪，等. 少数民族传统体育在四川民族地区高校开展现状调查与发展对策研究 [J]. 文体用品与科技，2013（12）：34-35.

条经典长线上现今有多条支线，构成巨大的旅游线路网络。集中突出了高原文化、民族风情、自然景观的多种特色，是健身休闲、观光览胜的良好去处，为民族传统体育旅游资源开发创造了良好的条件。②贵州省旅游景点。贵州有着丰富的旅游资源和得天独厚的自然环境优势，民族体育旅游产业具有较大的发展空间，现已形成以贵阳市为中心，以游览黄果树瀑布、龙宫、织金洞、红枫湖、马岭河峡谷为主的西线旅游区；以领略苗族、侗族风情为主，伴有㵲阳河风光的东线旅游区；以瞻仰革命遗址、游览风光秀丽的赤水十丈洞瀑布和品尝国酒文化为主的北线旅游区；以世界遗产"小七孔"和风景如画的"斗篷山"自然景观为主的南线旅游区等，丰富的旅游资源为贵州民族体育旅游市场的开发和利用奠定了良好的基础①。③重庆市旅游景点。拥有国家级自然保护区4个、国家级重点名胜区6个、国家森林公园22个、国家A级景区130个且重庆市域内有6000多种植物、600余种动物，国家重点珍稀保护动物近100种。这些丰富的旅游资源为重庆各类体育旅游项目的开展提供了有利条件。④西藏自治区旅游景点。西藏自治区地处高原，除了具有高山、峡谷、河流湖泊等地理资源外，还具有丰富的历史文化资源、民族文化资源和宗教文化资源，这些都是体育旅游拓展业务的重要方面，同时也极大地丰富了西藏自治区体育旅游的内涵②。

通过以上统计，因地制宜，选择合适的民族传统体育项目，融合本地区旅游资源，建设具有民族特色的旅游景点。西南地区各省、直辖市、自治区都拥有着各自的民俗文化、众多的民族传统体育项目、各自形成独特的自然风光，这些都为民族传统体育项目的旅游化发展奠定了良好的基础。

（四）西南地区民族传统体育与宗教民俗

民俗是一种重要的社会文化现象，自从有了人的活动，便有了文化的创造，也就有了民俗活动形式。民俗文化是人类文化发展中最古老且最具有生命力的。民俗文化内容丰富，文物多姿多彩，举凡服饰、饮食、居室、婚丧、节日娱乐等都为我们演绎出民族地区丰厚的历史文化变迁与升华。西南地区特别是少数民族地区，民族传统节日、宗教信仰、民俗活动繁多，各民族都有自己独特的传统宗教，宗教对民风民俗文化、生活习惯、思想道德、心理素质乃至生产、生活等社

---

① 王亚琼，罗建新. 贵州民族体育旅游产业现状与发展对策 [J]. 贵州民族研究，2011（4）：136 - 140.
② 沈阳. 西藏体育旅游资源优势与发展对策研究 [J]. 西藏民族学院学报：哲学社会科学版，2010（1）：56 - 61，124.

会活动的各个方面都产生着广泛的影响。藏族是居住在青藏高原上的主体民族，藏袍是其主要的衣着，麦、米、青稞等谷物为其食粮，清茶、甜茶、鲜奶和青稞酒等为其主要饮品。出于对自然界的崇拜、对神灵的崇拜、对祖先的崇拜，藏族形成了许多传统民俗节日，如藏历新年、插箭节、采花节、望果节、雪顿节、香浪节等，在这些节日中，如赛马等藏族传统体育项目是其必备的活动。

西南地区的民族传统体育起源于宗教祭祀与民俗，随着时代的变迁，当下宗教活动使得部分民族传统体育进一步普及化和民族化。在宗教祭祀与民俗节庆中，其活动内容丰富，且与民族传统体育活动紧密关联，彰显出多姿多彩的民族特色。

第四节 西南地区民族传统体育的发展对策

西南地区民族传统体育，因其是多民族地区，故名目相对繁多，结构复杂，表现出多元化的存在形态。它们的产生、形成、发展和传承，均体现出传统文化中"多元一体化"的文化大同特色。西南地区民族传统体育历经了西南地区独特的农耕文化孕育，承载着西南地区各民族的生活方式，折射出了西南地区各民族的生活风貌和精神归属。为此，如何传承民族传统体育，构建其发展策略，对于西南地区的民族传统体育具有重要现实意义。

一、倡导在校园开展民族传统体育项目

西南地区的民族传统体育项目种类繁多，风格迥异，与学校教育的理念与精神很大程度趋于一致，为民族传统体育进学校提供必备条件。但目前学校开展民族传统体育现状令人担忧。在我国西南部地区的学校，尤其是少数民族聚居的农村学校，体育课的组织和实施存在着种种困难，难以执行统一颁布的学校体育教学大纲，且在经费、师资、民族传统体育项目的培训等方面困境重重，导致民族传统体育项目发展严重滞后。倡导在校园开展民族传统体育项目，是民族传统体育发展的必然趋势与必经选择。建设民族传统体育项目的校本课程最具实质性，但也是一项较为复杂的工作，其成功往往取决于课程教材质量、师资队伍建设、教学场地器材、学生兴趣爱好以及教学模式应用等因素。

在学校开展民族传统体育，可以从以下两点入手。其一，项目选择。项目的选择能使民族传统体育更好地融入学校教育体系。根据西南地区民族传统体育项

目的特点，适宜学校开展主要集中在竞赛表演类、休闲娱乐类、部分节庆类3大类项目，根据地区特点，选择适合项目。其二，教学模式赋予"民族化"特色。对民族传统体育学校教育发展的趋向要进行系统的研究、创新并完善教育方式、路径及策略，精心选择课程教学内容，突出民族特色。借助媒介，将民族传统体育项目的有关知识背景、技术要领与文化意涵、图片、活动表演、教师讲课视屏以及课件等相关内容传到互联网或校园网上，激发学生学习兴趣，适时引导学生学习，可以给校园营造出一种富有时代性、民族性、艺术性的校园文化氛围与环境。民族传统体育进学校，将自身具有的"群众基础好、开展条件具备、文化延续性"等优势合并学校教育，为民族地区学生的终身体育发展奠定基础。通过以上措施为民族传统体育文化在学校的教育传承创造有利条件，实现"以文化带发展，以教育促传承"的目的。

许多国家的民族传统体育是通过积极向学校体育推广，走科学化、规范化发展的道路最终成为现代体育的有机成分及现代社会文化交流重要形式的，比如，韩国的跆拳道、日本的空手道和柔道、印度的瑜伽和卡巴迪等。学习并借鉴国外民族传统体育学校好的发展方式，让民族传统体育能够在学校教育中得到更好的发展、传承，促进我国民族传统体育项目发展国际化。

二、大力发展民族传统体育旅游产业

少数民族传统体育旅游资源就是将少数民族传统体育资源融入旅游资源中，逐步实现二者的完美结合，并在旅游中实现体育的功能的一种独具特色的旅游资源或社会文化现象的复合体[①]。早在2009年7月《国务院关于进一步繁荣发展少数民族文化事业的若干意见》指出"繁荣发展少数民族文化事业，是一项长期而重大的战略任务"。体育旅游作为体育与旅游相互交融而形成的新兴综合项目，既可以体现体育产业链作用，又可充分发挥旅游业关联效益。在振兴西南民族地区经济发展中，体育旅游业具有巨大的产业优势、资源优势和发展前景，大力发展体育旅游经济，并以此带动西南地区经济发展，是促进产业结构调整，保持区域经济可持续发展的动力。民族传统体育资源优势潜力颇深，建设民族传统体育旅游产业，是对其可持续化的保护与发展。

确立景区风格，设计精品旅游线路是旅行社竞争力和生命力的来源，是确定

---

① 李晓通，李开文，陈永兵. 云南少数民族传统体育旅游开发探索[J]. 体育文化导刊，2014（8）：107–110.

目标市场、分析竞争态势，促进创造，提升竞争力的必然选择。在西南民族传统体育旅游资源尚处于基础性开发阶段，生态化开发需要过程的沉淀的境况下，结合西南地区民族传统体育的地域特色及资源优势，我们可以构建打造以"民族旅游村""民族旅游综合体"等旅游品牌。这一"构建和打造"除地方政府努力之外，还需国家政策的指导以及关注资源的科学利用与再生，融入更多科学思想。从而将西南地区民族传统体育旅游打造为民族文化特色鲜明的区域性品牌。

在发展民族传统体育旅游产业过程中，我们还需注意尊重生活实际所需，在以人为本的原则下，打造具有"正态化"商业价值的民族旅游景点，不可纯商业化，以免破坏"原生态"的民族传统体育。

三、加强民族传统体育的"非遗"传承与保护

物质文化遗产，属于静态的"物"的保护，而"非物质文化遗产"，属于动态的"人"的保护，故"人"是非物质文化遗产保护的根基和核心。加强西南地区民族传统体育的"非遗"传承与保护，亟须对民族传统体育中已纳入"非遗"项目的"活态传承人"的保护。"活态传承"通过口传心授、身体力行的方式传承，才能使民族传统体育文化的表现形式得以世代传承。民族传统体育的这种身体文化的特征是跨文化性的，即它突破了语言、民族、地域、宗教等因素的障碍，成为人与人之间相互沟通的方式。在保护传承中，突出是"人"的价值，借助"非遗"平台，保护与传承西南地区民族传统体育。

联合国教科文组织在《保护非物质文化遗产公约》中对非物质文化遗产进行了分类列举，划分为五大类别：①口头传说和表述，包括作为非物质文化遗产媒介的语言；②表演艺术；③社会风俗、礼仪、节庆；④有关自然界和宇宙的知识和实践；⑤传统手工艺技能。截至2021年，我国已经正式公布了五批国家级非物质文化遗产名录，其中有166项为体育、游艺与杂技类项目。2011年《中华人民共和国非物质文化遗产法》（以下简称《非遗法》）把非物质文化遗产分为六大类：①传统口头文学以及作为其载体的语言；②传统美术、书法、音乐、舞蹈、戏剧、曲艺和杂技；③传统技艺、医药和历法；④传统礼仪、节庆等民俗；⑤传统体育和游艺；⑥其他非物质文化遗产。2011年6月1日起《非遗法》的颁布实施，不仅在工作层面上为非遗的保护、保存提供了强大的法律保障，而且从政治层面来理解，保护非物质文化遗产"有利于增强中华民族的文化认同，有利于维护国家统一和民族团结，有利于促进社会和谐和可持续发展"，因此具

有非常重大而深远的政治、经济与文化意义[①]。

新时代下,西南地区众多的民族传统体育项目发展还需要被大力挖掘和发展,重心由"项目"的核心转变到以与之相关的"生态"为核心,探寻西南地区民族传统体育的可持续化发展,使更多代表着民族文化的民族传统体育项目在"非遗"下得到更好的保护与发展。

四、利用现代媒体助推民族传统体育发展

时代在进步,科技在发展,以"新"传承民族文化,谱写新时代的民族文化新篇章。故借助现代媒体的新平台,推动西南地区民族传统体育的发展,是新时代背景下的必然手段。

追寻以往民族传统体育文化的传承方式,大致有以下几种:家族血缘性传承、师徒传承、宗教传承、地域民俗性传承等。但民族的原始宗教正在逐渐萎缩,有的已经绝迹,从宗教祭祀仪式及其传承的角度去传承过去在原始宗教中呈现出来的传统体育文化已不太现实。民族传统的娱乐活动已经被越来越多的现代娱乐活动方式所取代;现代竞技体育作为学校体育教育的主要内容,少数民族学校教育中的民族传统体育在现代文明进步中被取代。故老式传承方式不能适应当前民族传统体育发展的需要,在现代媒体引领时代下,主要通过电子与网络等媒体传播民族传统体育相关内容。诸如,对民族传统体育活动、民运会赛事、民俗节庆等,通过电视、广播及互联网等途径传播,能使大众产生强烈的现实感和真实感,犹如"身临其境"地体验民族传统体育之魅力。

在新时代下,现代媒体对民族传统体育的传播能够提升其在公众之中的影响力,西南地区民族传统体育必将向着"优质"的民族文化、"高速"的效率、"纵向"的深层次、"横向"的广领域等传播趋势发展。现代媒体正符合这一发展趋势。

思考题:

1. 西南地区民族传统体育如何"进学校"?
2. "非遗"视角下,如何传承西南地区民族传统体育?

---

① 刘坚. 云南省少数民族传统体育非物质文化遗产保护与传承研究[D]. 北京:北京体育大学,2012.

导读索引：毽球运动为民族传统体育项目中竞技化的运动之一。本章从三大知识板块进行阐述，以使毽球运动的民族传统体育特性更具明晰化。三大知识板块：①对毽球运动的发展进行概述，利于清晰其历史脉络；②对毽球运动的技术与战术着重进行阐述，利于构建完整的技战术体系；③对毽球运动的教学、场地设备等进行分析，利于达到"学以致用"的目的。

第三章 毽球运动

第一节 毽球运动发展概述

一、毽球运动的起源与发展

毽球运动是我国一项流传已久的民族传统体育项目，是一种新型的，具有时代性和民族性特点的体育运动。在古城首都，毽球又称"翔翎"，此称谓别有一番诗意。

踢毽子开始于何时？又是什么人开创的？有一种传说以为：毽"自轩辕黄帝创"。当时它被称为"毱"，是一种战士训练器，"毱"被古人解释为"皮毛丸"。另一传闻说："创自岳武穆，用箭之翎，配以金石之质，抛足而戏，以释军闷。"此种传闻无牢靠的根据，况且，"箭"与"毽"不相同，所以亦然不够为信的[①]。

（一）毽球的起源

"毽球是由我国民间的踢毽子游戏发展起来的，由古代蹴鞠演变而来。"[②]"蹴"便是用脚踢，"鞠"是用皮革缝补制成的球，内部用毛发和茅草等物充溢，

---

① 夏传寿. 踢毽子———一项简便易行的健身运动 [N]. 中国体育报, 1996-06.
② 曾于久, 刘星亮. 民族传统体育概论 [M]. 北京：人民体育出版社, 2000：20-21.

类似于现代的实心球。早在战国时期蹴鞠就已风靡，发展到汉朝出现了蹴毛丸和蹴鞠的区别。那时蹴鞠要有特别的场地，踢法与今日的足球近似，而蹴毛丸和今日的踢毽子相似。（图3-1）

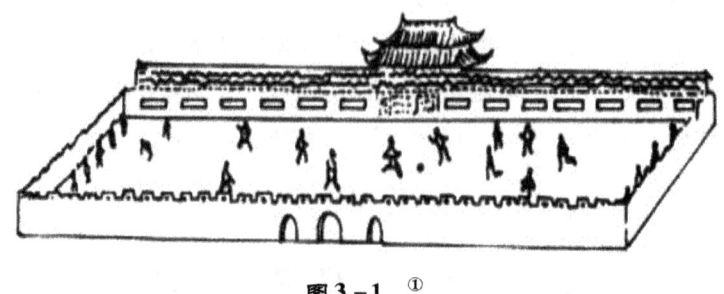

图3-1 ①

1973年在山东省济宁县喻北屯城南张村发现的一个东汉古墓中，出土了一块"蹴毛丸"画像石（图3-2），石画像中的8个人在中央为卵形的地形中表演蹴毛丸。动作舒展大方、神态各异、游刃有余。从画像石中可见，那时蹴毛丸的手势和今日踢毽子的盘、拐、磕、绷和手心、手背等技巧动作几乎完全相同。蹴毛丸汉砖的出土为探究毽子的出处提供了充实的证据。由此可见，今天的踢毽子起源于汉代的蹴毛丸，而现代的毽子是当时毛丸的发展。

图3-2 ①

（二）毽球的发展

1. 毽球的古代历史发展

依据出土的一些文物和现存的史料可以证实，踢毽子始于汉朝，盛行于六朝和隋、唐。唐《高僧传》卷十九所载：一个名叫跛陀的人在来洛阳的路上碰到

---

① 王秀民. 怎样踢毽球[M]. 北京：金盾出版社，1994：1-2.

了十二岁的惠光，惠光一口气踢了五百次反踢毽子，令人拍手鼓掌，赞叹不已。跋陀是少林寺的祖师，他很是喜欢惠光，于是将他收为门生，故机缘巧合下惠光便入了少林寺[①]。

宋代高承在《事物纪原》一书中，对踢毽子进行了具体的记录："今时小儿以铅锡为钱，装以鸡羽，呼为毽子，三四成群走踢，有里外廉、拖抢、耸膝、突肚、佛顶珠、剪刀、拐子各色，亦蹴鞠之遗事也。"[②]

明、清时期，踢毽子进一步成长，对于它的记录也更多。中国著名的散文家刘侗在《帝京景物略》（图3-3）中写道："杨柳儿青，放空钟；杨柳儿活，抽陀螺；杨柳儿死，踢毽子。"踢毽子已成为常见的很多人一块儿玩的运动项目。《帝京岁时纪胜》中描绘踢毽子："手舞足蹈，不少停息，若首若面，若背若胸，团转相击，随其高下，动合机宜，不致坠落。"可见，当时踢毽子活动很盛行。清末以踢毽子为荣，所以，踢毽子的活动更为普遍，青少年参与者尤为广泛，当时盛传如此儿歌："一个毽儿，踢两半儿，打花鼓，绕花线儿，里踢外拐，八仙过海，九十九，一百。"揭示在那时踢毽子早已到了十分普及的水平。以北京为例，每遇城乡庙会，各路妙手，来此集中，观赏、角逐，培育新手，甚是红火[③]。（图3-4）

图3-3 明代刘侗《帝京景物略》封面

图3-4 清代潘荣陛《帝京岁时纪胜》

2. 近代毽球的历史发展

清朝末年，民间踢毽子更加普遍，其技艺已达到相当高的水平。从南到北，

---

① 王秀民. 怎样踢毽球 [M]. 北京：金盾出版社，1994：1-2.
② 高承. 事物记原 [M]. 台北：台湾商务印书馆，1986年影印本.
③ 郭七正. 中国花毽 [M]. 北京：中国社会出版社，2010：2.

在各地区形成不同风格和门派，各门派都不乏名家和绝技。

清末民初建设新学，学堂中开设体育课，然而当时受过专业训练的体育教师不够，很多学校就将古代体育名目编制为课本教学，踢毽子便是当时最受喜爱的一个项目。有人回忆，当年在中学读书的时候，大多数人都参加过踢毽子比赛，能踢出几十种花样来。为了进一步普及踢毽子活动，提高技艺水平，当时许多地方还经常摆擂比赛毽技。据有关资料显示，1912年北京地安门外就举行过一次规模空前的毽技表演大会，轰动了整个北京城，各家名腿纷纷登台献艺，不仅有单人踢、双人踢，还有多人集体踢等踢法和套路，表演大会落幕后还成立了我国最早的毽技组织，为我国踢毽运动的发展作出重大贡献。随着近代体育项目的兴起，踢毽子活动才在学校中止，在社会上也逐步没落。究其主要原因是，踢毽子活动固然有很多名堂，能惹起人的兴致，然而其作为私人献艺的委婉比赛，胜负却很难判别。不如现在那些直接对抗性的体育项目，能够直观地判定胜负，且激烈性和对抗性不仅能够满足视觉观赏的需要，而且能够满足精神上的需求。在经过几十年的沉寂之后，受西方体育文化的影响，人们将熟悉的近代体育竞赛的特点应用到毽球运动项目中，把球类竞赛的方法同踢毽子的运动项目特点结合起来，形成一个传统风格显著又有新运动特点的民族传统体育项目，使其有了新的生命力，成为了大众喜欢的一项活动[①]。

1935年3月，在山东举办了全省第一届踢毽子竞赛。

3. 现代毽球的历史发展

中华人民共和国成立后，在总结研究和推进中国民间体育发展原则的指导下，广州市体育运动委员会使毽球运动项目以新的姿态出现在每年的全市比赛中，由此孕育了由12支较高程度的网毽队构建的甲级队伍，并拟定了《网毽竞赛规则》[②]。此后，全国掀起了网毽活动的热潮，促进了网毽活动的成长。网毽运动项目在广州开启，为现代毽球运动的兴起奠定了基础。

1950年，按照"双百"谋略，在更新换代思维指导下，专设踢毽子献艺节目，并出访他国，受到了热烈的欢迎与高度的颂赞。各省市地区毽球开展蓬勃而发，并举办比赛。比赛形式有单人赛、双人赛和团体赛，还有花式踢毽表演。

1963年踢毽子活动得到国家体委的宣传，被纳入小学体育教材。

1964年7月，有15个单位参加了由广州体育运动委员会举办的"广州市网

[①] 刘评. 毽球之渊源[J]. 体育文史，1992（3）：35–36.
[②] 张军，龙明. 毽球运动[M]. 北京：高等教育出版社，2008：2.

毽邀请赛"。

1978年,中影厂和中央台播映了"网毽"运动纪录片,受到社会各界的好评。

1979年,上海市教育局联同《青年报》举办的"红花杯"踢毽子比赛,规模宏大,参与人数高达数万人,其影响之大、之广、之深,不仅对上海,而且对全国影响巨大,将毽球运动项目推向了新的高潮。我国北方城市哈尔滨、长春、沈阳、大连及西北、西南地区(重庆、成都、贵阳)等地,每年的冬天踢毽子已成习惯,并且将踢毽子、跳绳、跳橡皮筋列为传统活动的比赛项目,坚持数十年,长盛不衰。当前,中国有不少中老年人介入踢毽子活动,在花园、院落、街坊及全民健身广场等地方活跃,构成了开阔的大众性踢毽活动[①]。

自1982年以来,广州、天津及辽宁体育委员会开展的网毽活动总结报告及1983年年底全国铁路职工开展毽球比赛的体会和网毽条例的汇报,国家体委对我国民间传播较广的踢毽子活动进行了初阶段的探讨,在归纳各地踢毽子活动的基础上,于1984年3月3日作出"把毽球列为正式比赛项目进行发展和提高,望各有关部门,广泛宣传,举办竞赛,积极组织开展业余训练,不断提高技术水平"的指令。同年,全国毽球邀请赛于北京举办,各地在国家体育委员会的约请下派代表观赏与研习。全国响应其号召,纷纷举办赛事与培训,推动了毽球的再发展。

1986年5月,河北承德创立《中国毽球报》,该报纸为中国毽球事业的推动和发展做出了巨大的贡献。

1987年10月,国家体委及中国毽球协会在重庆举行全国毽球锦标赛期间召开了3次会议。会议将毽球比赛分为全国毽球锦标赛、全国花毽锦标赛、中华杯赛(全国职工毽球甲、乙级锦标赛)和全国大、中、小学毽球锦标赛。3次会议的召开,对推动中国毽球事业的发展起到了重要的作用,同时也象征毽球进入了一个新的开始。

4. 重要赛事事件

1984年,国家体委将毽球运动项目列入正式开展的体育比赛。

1985年4月,举办首届全国毽球锦标赛。

1995、1996年,毽球进入全国少数民族体育运动会。

1998年,中国毽球队分别赴越南和德国进行交流。

---

① 赵发田. 毽球运动[M]. 青岛:中国海洋大学出版社,2011:12-13.

1999年，毽球进入全国中学生运动会。
2000年，在广东中山和惠州举行了国际毽球邀请赛。
2000年，中国花毽队赴香港表演取得巨大成功。

二、毽球运动的分类、特点与价值

（一）毽球运动的分类

1. 毽球分类

根据参与的人数、踢击形式、场地限制等不同，毽球可分为以下几类：

（1）网毽

网毽，指两人或团体组织采用规定的场地、规定的毽球，以隔网对抗的形式，按照规则的要求，以获取比赛胜利为目的的一种运动形式。

（2）花毽

花毽，即花样踢毽，指充分展示个人技巧的玩法，采用多种踢法展示高超的技艺，注重难美性、表演性、观赏性的一种运动形式。

（3）大众毽

大众毽，集健身性、娱乐性、自愿性、多样性等特点为一体；突出重在参与，属于大众型技术毽。

2. 毽球比赛形式

其比赛形式主要分为以下几类：
①单人赛：2人比赛，隔网相对、相争。
②团体赛：6人比赛，隔网相对、相争。
③单项赛：跳踢、磕踢、盘踢技术。
④花毽比赛（花毽赛）：具有样式众多，观赏性强的特点。

（二）毽球运动的特点

1. 灵敏性

毽球运动对球的控制要求较高，技法以踢、触为主；在练习或比赛中注重各种接送、跳跃、左右踢球等动作，且要求临场做出快速的反应，果断地行动，凸显自身灵敏性，无形之中亦训练了人体神经系统的灵敏性。

2. 观赏性

在观看毽球比赛时，运动员在赛场上将速度、力量、灵活性与毽球技术完美结合。进攻之时，"势如破竹"之势，防守之时，"固若金汤"之态，均是双方技战术较量的外显，诸如此类，给观众带来一场视觉盛宴。

3. 融和性

毽球运动的融合性表现为其技术主要源自足球、规则源自排球、场地源自羽毛球，再结合自身条件，呈现出具有毽球特性的运动项目。

4. 普及性

毽球的普及性，在于其技术属于"大众型"，易被掌握；趣味性浓，场地要求不高；规则简单，形式多样，男女老少皆宜。故其普及程度广。

（三）毽球运动的价值

1. 健身性

毽球运动堪称"易学易练，简便实用"的民族传统体育活动，是一种锻炼身心的体育项目。练习毽球，单练之时，具有活动筋骨、惯勤肢体之用；对练之中，还能对自身的速度、耐力、灵敏、柔韧等身体素质进行不同程度的提高，进而改善自身身体状况，具有健身养生之价值。正如古籍中所记载："人之衰老始于足、足血盈则身心健"（《黄帝内经》）。毽球运动技法正符合于此。

2. 娱乐性

毽球运动"趣味性浓"，极具娱乐价值。主要有两种途径：第一，直接参与，工作生活之余，进行毽球练习或比赛，便可体验毽球中"上下翻飞"的动作之乐，缓解疲劳；第二，间接参与，闲暇之时，进行毽球比赛观赏，运动员的精湛技术，令人心旷神怡。

3. 经济性

毽球运动具有"经济实用"之价值。主要在于其对场地要求不高，空地皆可；制作形式多样，材质各异，均可练赛；规则简单，切实可行。故能体现其经济实用之价值。

第二节 毽球运动的基本技术

毽球技术是指运动员在比赛规则允许的情况下，合理采用各类击球动作和组合动作的总和。根据技术动作运用特点可分为无球技术和有球技术；根据技术动作运用的目的和效果分为进攻技术和防守技术。由技术的结构可知，基本技术在毽球运动技法中颇为重要。

毽球的基本技术动作包括准备姿势与步法移动、发球、起球、踢球、垫球、挺球和顶球。

一、准备姿势与步法移动技术

毽球运动对抗速度快，合理的准备姿势与灵活的步法移动，是快速回击对手的前提条件。

（一）准备姿势

毽球运动准备姿势一般包括两类：两脚左右开立和前后开立。

①两脚左右开立式姿势：两脚自然开立，距离略比肩宽，脚尖微内扣（似"内八字"），脚后跟自然提起，前脚掌着地，两膝微屈；重心微降，上体微前倾；两臂自然屈于体侧，目视来球方向。此势有利于运动员迅速启动，快速做出反应。

②两脚前后开立式姿势：两脚前后自然开立，支撑脚在前，脚尖微内扣，后脚跟自然提起，两膝微屈；重心微降，上体微前倾；两臂自然屈于体侧，目视来球方向。此势有利于运动员迅速转向前后的挪动状态，多用在比赛过程当中的接发球和退守中。

（二）步法移动

灵活的步法，使毽球技术的发挥更具轻灵性，更有利于发挥传接及攻防技术。步法移动一般包括上前步、后撤步、滑步、转体上步、交叉步、跑动步、跨步、并步八种。

1. 上前步

击球脚蹬地，支撑脚向前方迈出一步，随即，击球脚做好击球的准备姿势。目视来球方向。

2. 后撤步

支撑脚蹬地，击球脚向后方撤回一步，随即，支撑脚再退回半步，做好击球的准备姿势。目视来球方向。

3. 滑步

滑步分左右滑步，以左滑步为例（右滑步动作相同，唯方向相反）。在两脚左右开立式的准备势上，右脚用力侧蹬，重心左移，同时，左脚向侧迈出，右脚随即跟上。可作连续滑步。目视来球方向。

4. 转体上步

转体上步分左右，以左转体上步为例（右转体上步唯方向相反，动作相同）。左转体时，以右脚为轴，左脚向后蹬地；重心微降，随之后移，以腰髋带动身体向左转动 90°或 180°，成击球姿势。目视来球方向。

5. 交叉步

交叉步分左右，以左交叉步为例（右交叉步唯方向相反，动作相同）。右脚向左侧蹬，身体重心随之左移；右脚经左脚前，向左方迈出；随即左脚蹬地，由右脚后方，向左跟进半步；成击球姿势。目视来球方向。

6. 跑动步

跑动步是击球时，球距身体较远而采用的一种移动形式。跑动时，注意下肢蹬地转换与上肢摆臂配合，加快速度到达目的地。跑动步可由上前步、后撤步、滑步、转体上步、交叉步等步法组合而成。

7. 跨步

支撑脚蹬地，击球脚向前方跨出，重心前移。多用作"救球"步法。

8. 并步

并步分左右，以左并步为例（右并步唯方向相反，动作相同）。右脚向左侧蹬，随之重心左移；左脚向左侧迈出一步，同时右脚并步跟进，成左右开立式的准备姿势。目视来球方向。

二、发球技术

发球是毽球的基本技术之一，亦是进攻的开始。具备良好的发球技术，既可直接得分，也可干扰对方的击球战术，为己方创造有利条件。常用的发球技术包括脚内侧发球、正脚背发球和脚外侧发球三种。

（一）脚内侧发球

动作方法：两脚前后开立，左前右后。待抛球后，右膝外展，由后向前摆动，小腿发力，足弓击球过网。

技术要点：力点明晰，足弓击球，击球脚屈膝外展。

（二）正脚背发球

动作方法：两脚前后开立，左前右后。待抛球后，以髋为轴，右腿由后向前摆动，脚面绷平，弹抖发力，击球过网。

技术要点：髋为轴，绷脚尖，动作平、快、准。

（三）脚外侧发球

动作方法：两脚前后开立，左前右后。待抛球后，右腿由后向前摆动，足踝内旋，脚外侧加速击球过网。

技术要点：力点清晰，发力扫体，速度快。

三、起球技术

起球技术属于毽球技术结构中最重要的一环。起球技术是指按照球的路线和落点，用脚法把过网或冲破拦网的球接起来。起球技术包括脚内侧起球、脚外侧起球、脚背起球、胸部起球和头部起球等。

（一）脚内侧起球

动作方法：起球前，双脚前后站立，双腿稍弯曲，击球脚在后，手于体侧臂垂放松，目视来球。起球时，身体重心移动到支撑腿上，击球脚大腿带动小腿，由后向前上方摆动。摆动过程中，逐渐形成髋关节外张、膝关节弯曲、踝关节内翻的基本姿势；击球的一刹那，脚部击球面端平，击球部位应在脚内侧面中部，击球点一般在支撑腿膝关节高度的体前约40厘米处。（图3-5abcd）

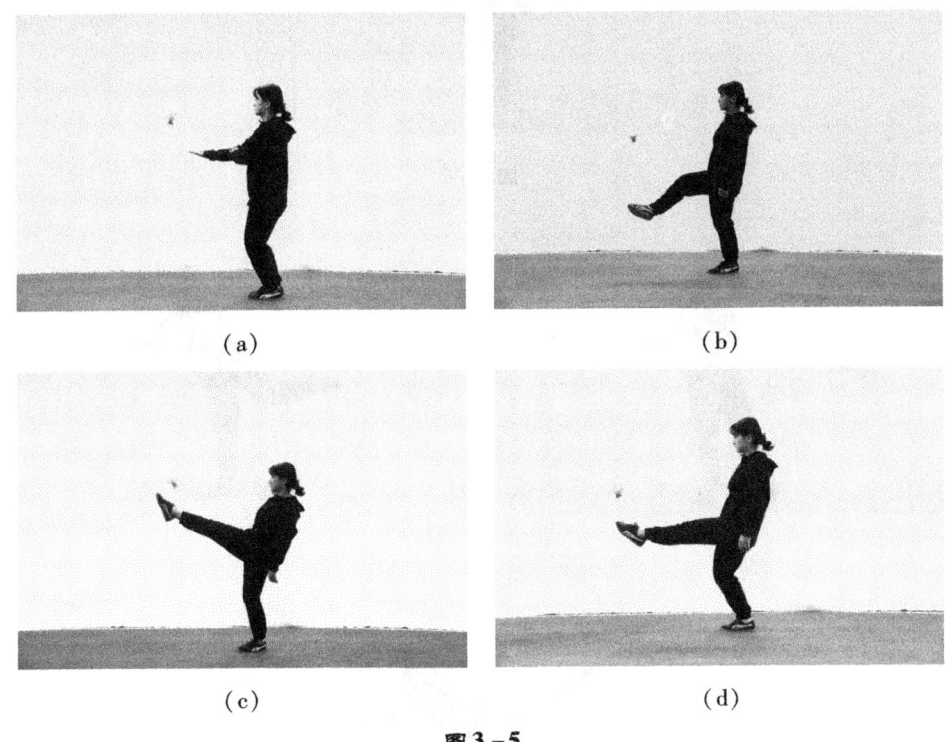

图3-5

技术要点：击球点准确；动作柔顺，劲力和谐；大腿、小腿需顺用力方向实现送球，体会送髋推踢。

（二）脚外侧起球

动作方法：准备姿势站立，目视来球。当球在体侧时，重心移到支撑腿上，击球腿的髋、膝关节内扣，膝、踝关节外翻，使脚外侧尽量与地面平行，做好击球前的准备动作。脚接触球的部位一般在脚外侧面的中部或后部，击球点的高度一般不超过膝关节（图3-6）。当来球较高并且快速向体侧后方飞行时，击球腿的大腿可外转，迅速沿地面后摆，伸腿插入球下，踝关节自然勾起向外翻转，脚指向体侧，脚的外侧面约呈水平，身体保持前倾，利用小腿快速屈膝上抬的动作，向体前上方击球。触球部位一般在脚外侧的中部或中后部。（图3-7abc）

图3-6

（a）　　　　　　　　　　（b）

（c）

图3-7

技术要点：小腿内翻上踢，速度快，转髋扣膝，用力顺序清晰，击球点准。

（三）脚背起球

动作方法：做好准备姿势，击球时，目视前方。来球时，先步法移动，调整站位；前脚为支撑脚，后脚由后向前摆起，脚背与地面基本呈水平，运用适度的伸膝和踝关节背屈协调勾踢动作，将球向上方踢出。击球部位在脚的跖趾（脚面上接近脚趾的部分）关节处。起球的角度、弧度及落点能够通过脚背的变化以及踝关节的幅度来调整。（图3-8）

图3-8

技术要点：脚背动作正确，用力协调，击球点准确。

四、踢球技术

踢球技术包括脚内侧踢球、脚外侧踢球和正脚面前端踢球等。

（一）脚内侧踢球

用脚内侧部位踢球，可以踢上飞高球和斜飞高球。

1. 踢上飞高球

动作方法：身体重心移于支撑脚，击球腿屈膝，并使膝关节外展，髋关节放松，以膝关节为轴，小腿向内上方摆动，同时支撑腿微屈膝，重心微降；击球腿小腿上摆，以髋关节为轴，屈膝外展；当脚与球接触时，小腿加速上摆，踝关节内翻端平，用脚内侧面中部发力将球踢起。（图3-9）

图 3-9

2. 踢斜飞高球

动作方法：身体侧对出球方向，支撑脚前迈一步，上体稍后仰，击球脚以髋关节为轴，大腿带动小腿从外侧前方摆起，膝微屈，脚踝绷紧，勾脚尖，对准出球方向挥摆，用脚内侧将球踢起。踢球时支撑腿微屈膝，踢球后，踢球腿落在支撑脚外侧前方。（图 3-10）

图 3-10

技术要点：击球点准确，屈膝外展，击球脚端平，劲力顺达。

（二）脚外侧踢球

用脚外侧可踢上飞高球和斜飞高球。

1. 踢上飞高球

动作方法：身体重心移至支撑腿，上体放松转向击球脚，击球腿膝微屈，脚尖稍内扣，以髋关节为轴，小腿向外侧上方摆起；击球时，脚踝绷紧，勾脚尖，

小腿发力,用脚背外侧将球踢起。(图3-11)

图3-11

2. 踢斜飞高球

动作方法:支撑脚向斜前方迈出一步,屈膝,脚尖指向来球方向。上体微前倾,并转向击球脚方向;击球脚以髋关节为轴,膝关节向内扣转,小腿向出球方向摆动;脚踝绷紧,勾脚尖,脚尖斜向下;小腿发力,用脚背外侧将球踢起。(图3-12)

图3-12

技术要点:小腿内翻上踢,速度快,转髋扣膝,用力顺序清晰,击球点准。

(三)正脚面前端踢球

用正脚面前端可踢上飞高球、侧身扣球和踢倒勾球。

1. 踢上飞高球

动作方法:身体重心移至支撑脚,击球脚以髋关节为中心,大腿带动小腿向前上方挥摆；击球时，踝关节绷紧，脚面绷直，用正脚面前端将球踢起（图3-13）。

图3-13

2. 侧身扣球

动作方法：身体侧向面对出球目标；支撑脚前迈一步，脚尖斜向出球方向；上体微倾于支撑脚方；击球脚以髋关节为轴，大腿带动小腿经外侧向出球方向挥摆，踝关节绷紧，脚尖绷直，用正脚面前端将球扣过网顶。击球时，身体转向出球方；击球后，击球脚落在支撑脚外侧前方。（图3-14）

图3-14

3. 踢倒勾球，分为原地踢倒勾球和跳起踢倒勾球

（1）原地踢倒勾球

动作方法：支撑脚前迈一步，屈膝，上体后仰，击球脚以髋关节为轴，大腿带动小腿全力向上方挥摆；当毽球至体前上方时，小腿和踝关节发力，用正脚面前端将球往后上方勾踢。（图3-15）

图 3–15

(2) 跳起踢倒勾球

动作方法：起跳前，先判断好球飞行的路线并确定好踢球点；继而击球脚上步蹬地起跳，另外一只脚则上摆，使身体凌空后仰；当上摆脚开始下落时，蹬地脚以踝关节为轴，大腿带动小腿迅速向上挥摆，双脚在空中成剪交式；击球脚用力将球向后上方踢去。击球后，手掌先着地，手指指向和出球目标相反的地方，双臂屈肘缓冲，接着背部、臀部依次着地。（图 3–16）

图 3–16

技术要点：击球点准，击球时，绷脚背，劲力顺达，保持身体平衡。

五、垫（颠）球技术

动作方法：用大腿前端垫球，垫球时，身体重心移至支撑脚；垫球腿屈膝上抬大腿，至水平位置时；用大腿前端将球垫起；目视垫球方向。（图 3–17）

图 3－17

技术要点：垫球腿屈膝上抬；垫球部位准确，使毽球垂直向上运动；保持身体平衡，注意垫球节奏。

六、胸挺球技术

动作方法：挺球时，面对来球，下颌回收，两臂自然张开于体侧；两脚自然开立（平行或前后开立均可），重心在两脚间；膝微屈，当球在胸前碰触的瞬间，两脚蹬地，胸上挺迎球，上体稍后仰，成"反弓"状，用胸触球后下部，将球向脸部斜前上方挺起。（图 3－18）

图 3－18

技术要点：接球时，下颌回收；挺球时，触球部位准确，球飞的方向正确；身体保持平衡。

七、头顶球技术

(一) 前额正面顶球

前额正面顶球分为原地前额正面顶球和跳起前额正面顶球两类。

1. 原地前额正面顶球

动作方法：身体正对来球方向；下颌回收，两臂自然张开于体侧；两脚自然开立（平行或前后开立均可）；两膝微屈；上体微后仰；重心置于后脚（若平行开立时，重心置于两脚间）；当头快触碰球时，后脚使劲蹬地（若平行开立则同时蹬地），身体重心前移，敏捷收胸收腹，使上体前屈的同时迅速甩头，用前额正面将球顶出。（图3-19）

图 3-19

2. 跳起前额正面顶球

(1) 双脚跳起顶球

动作方法：面对来球方向，注意球的运转线路和顶球点，继而助跑一到三步或者原地双脚起跳，身体腾空；下颌回收，上体成反弓形；当快与球接触时，迅速收腹上体前屈，并快速甩头将球顶出。（图3-20）

图 3-20

（2）单脚跳起顶球

动作方法：面对来球方向，注意球的运转线路和顶球点；助跑三到五步，最后一步步幅稍大并用力蹬地起跳，另一脚屈膝上提，蹬地脚也跟着上提；双臂屈肘上摆后自然放于体侧，使身体腾空成反弓形，下颌回收，球快与头接触时，迅速收腹屈体并用力甩头将球顶出，球顶出后，双脚屈膝缓冲着地。（图 3-21）

图 3-21

技术要点：颈部紧张用力；触球部位准确；协调配合；跳起顶球，注意空中姿态。

（二）前额侧面顶球

前额侧面顶球分为原地顶球和跳起顶球两类。

1. 原地额侧顶球

动作方法：面向来球，两脚自然开立（平行或前后开立均可），双膝稍微弯曲，身体重心移至与出球目标不同的脚，上体随之向出球相反方向侧转；两臂自

然张开,头即将与球接触时,与目标对侧的脚先蹬地,上体快速往出球方向侧摆,并用力甩头,将球用额侧顶出。(图3-22)

图3-22

2. 跳起额侧顶球

动作方法:先看准球的运行路线并确定好顶球点,然后助跑一到三步(也可以不助跑),最后一步齐步,屈膝;双手后摆,降低重心(图3-23),然后双脚踏蹬跳(也可单脚起跳),同时双臂屈肘时上摆放置体侧,上体往出球的异侧方向侧屈,当到最高点、头快与球接触时,急速摆体甩头,将球用额侧顶出。顶球后,双脚屈膝缓冲着地。(图3-24)

图3-23   图3-24

技术要点:转体、收腹、预摆、转头和蹬地协调连贯;击球点准确。

第三节　毽球运动的教学与训练

一、教学特点

毽球运动属于民族传统体育项目之一，在民族传统体育发展之下形成以下教学特点。对教学特点的认识与理解，利于教学过程有序进展以及完成教学任务。现将其特点简述如下。

（一）以直观形象为主

毽球运动的教学，以直观形象为主，即教学达到深入浅出、通俗易懂之效。在其教学过程中，注重示范的直观性，使学生直接感知毽球动作的结构；注重讲解的简洁性，使学生直接领会毽球动作的要领；诸如此类，均要求以"直观"为特点，使得学生较快建立动作表象，形成正确的动作概念。

（二）重"合"之贵

毽球运动的教学，重"合"之贵。其中"合"，毽球技术教学时，毽球与学生本体相合，为其一；毽球战术教学时，团队的合作，为其二。故教师在教学中采用的教学方法与手段，均要体现其"合"之贵。

（三）显民族之特色

毽球运动的教学，显民族之特色，其中"民族特色"是民族传统体育项目的天然之色。在毽球运动教学过程中，从基本动作到组合技术，从理论传授到运用，均要体现毽球的民族特色。要遵循其特点，使学生的毽球技术富有浓郁的民族气息，而非简单化的技法动作。

二、教学方法

毽球运动的教学方法包括技术和战术两部分。其中技术教学是基础，战术教学是技术教学的丰富；在毽球教学特点的引导下，掌握相应的教学方法，可进一步提升毽球教学质量，促进其教学最优化。

（一）直观性教学法

直观法，指在教学过程中，运用"直观"所产生的"直接性，生动性"作用，而获得感性认识的一种教学方法。包括动作示范法、视频教学法、图片演示法等。下面对动作示范法、视频教学法进行说明。

1. 动作示范法

动作示范法，指教师以正确的动作进行示范，使学生初步认识、了解动作的概貌，是直观教学法中最常用的方法。有效进行动作示范，在示范动作准确基础上，还需注意以下两方面。

（1）注重"示范面"的选择

毽球技术教学中，合理选择示范面，使学生对"击球点""击球路线"以及"击球的身型"等技术动作，得到最优化的观察与学习，以便掌握其动作规格。结合毽球技术教学，示范面一般可分为正面示范、侧面示范、背面示范、斜面示范等。可根据技术动作的路线与方向来选择相应的示范面。

（2）着重"示范位置"的应用

"示范位置"，与示范面有"孪生兄弟"之称。毽球教学中，无论是技术，还是战术，其示范位置与一般的体育项目教学均具有共性。示范位置选择的原则是便于全体学生观看与学练，教师需灵活选择示范位置，利于教学实际应用。

在注意上述方面时，还需注重示范时机与速度的把握，以及示范与讲解相配合，以使动作要领与技法更加清晰化。

2. 视频教学法

视频教学法，指学生通过观看相应的视频，更为直观、形象地认知事物的一种教学方法。毽球运动教学时，采用视频教学法，可将毽球技术的运动路线以及战术关键环节，利用视频进行选择性播放，利于学生清晰地观看和学习。

（二）讲解法

讲解法，即运用言语，说明教学任务与诸要点，指导学生进行相应学练，使学生掌握理论与技能的教学方法。一般讲解方法包括提示法、提问法、启发式等，讲解时需教师言语简洁、清晰、生动、准确、富有启发性。

毽球教学中，利用提示法，诸如对毽球运转过程要点的提示，能让学生练习时掌握关键点；采用提问法，能使学生重温或思考毽球的动作概念；运用启发式，可将毽球的动作技能进行"启发式"教学，激发学生学习的主动性。与上述的动作示范法相结合，是教学中最普遍的一种教学方法。示范讲解法，需示范适宜，讲解适度，达到"精讲多练"目的。

（三）层层叠进法

层层叠进法，指在毽球教学过程中，将毽球技术动作，由易到难、由简及繁，层层叠进的教学方法。如"盘踢"技术，可先"一踢一接"（盘踢一次，用手接住毽子，再继续），再"两踢一接"，依次叠加，便能使其技术稳步提升。运用此法时，注意分析毽球技术的动作结构，突出重难点的"叠进"。

（四）纠错法

纠错法，指在学生学练过程中，教师纠正学生出现各种错误的一种教学方法。纠错法可分为集体纠错法（共性错误的纠正）、个别纠错法（因人而异，个别指导时的纠正）、正误对比法（学练之中，为加深动作概念的纠正）。运用纠错法时，要注意纠错时机的把握、纠错点的分析、纠错方法的选取，且教师需要耐心指导纠正。

（五）比赛法

比赛法，指在毽球教学中，教师根据毽球规则或自拟规则，进行的有目的、有任务的教学方法。运用比赛法，一则利于学生自主化提升毽球技术，通过团队合作，使战术深化，进而促进技、战术的融合与提升；二则能最大程度激发学生后续学习毽球的兴趣与动力，达到最优化教学。运用此法时，还需注重对学生技能形成的阶段，以及对战术的理解程度等前提条件的把握。

三、毽球运动的训练

毽球运动的训练包括技术、战术、心理、体能等方面。本书着重从技术方面入手，以发球技术和起球技术为例进行介绍。

（一）发球技术训练

①按动作方式、要求，进行习练，用不同的脚法发球过网。
②练习不同类型的球技。
③对手的球场、角度、接近网、中场标志不同区域的发球练习，练习者可以准确地在不同区域发球的球技战术。

（二）起球技术训练

①无球练习：运用集体练习法，着重对起球技术动作规格进行强化。
②原地起球：运用重复练习及间歇练习法，强化各起球技术动作的要领，根据不同的起球技术、起球的高度、击球点、路线相应调整。
③原地高低、交替起球（静态）：对于脚内侧起球，运用高低起球练习；对于脚外侧和脚背起球技术，运用左右脚交替起球练习。采取重复练习，着重体会踢高球的送球动作，提升脚感、增强控球能力。
④行进间起球（动态）：运用低高球交替练习。即先起低球，再向前方起高球（前方距离因人而异），接着快速向前移动，随即再起高球，紧随球移动，如此重复，期间也可用低球调整、各种起球技术综合运用。采取循环练习法，加强运动中的控球能力。
⑤分组与合作练习：2人1组，相对而立，距离适宜，进行起球练习。可1人抛（抛球力度，循序增加），1人起；也可互起。练习形式以训练目的而异。旨在培养学生判断击球位置、击球力点与力度。

综上，毽球运动的教学与训练，相互关联，互为促进。对于教学，教师需根据技术、对象、目的等，选择相应的教学方法，设计教学过程，使教学方法综合化、灵活化；对于训练，采取重复训练法、间歇训练法、循环训练法等不同方法综合训练，提高学生技战术能力。

第四节 场地器材与设备

一、场地

(一) 场地面积

毽球的比赛场地长为 11.88 米,宽为 6.1 米,场地上空有 6 米以上、场地旁边有 2 米以上的安全区域。

(二) 界限

比赛场地应按平面图画出清晰的界线,各条界线宽 4 厘米,界线的宽度包括在场地面积之内。较长的两条界线为边线,较短的两条界线为端线。连接场地两边线中点并与端线平行的线为中线。中线将场地分为均等的两个场区。在中线双侧各画一条与中线平行的线叫限制线(此线包括在限制区内)。中线中点至限制线边缘(远离中线端)距离为 2 米。

(三) 发球区

距两端线中点两侧各 1 米处向场外各画一条长 20 厘米、距端线 4 厘米并与端线垂直的短线为发球线(此线不包括在发球区内)。发球线向后无限延长的区域为发球区。

二、器材与设备

(一) 球网的规格

球网 7 米长,0.76 米宽,网孔 0.02 米见方。球网上沿缝有 4 厘米宽的双层白布，用绳穿起，将球网张挂在网柱上。球网必须挂在中线的笔直上空。球网为深绿色。

（二）球网的高度

球网的中部顶端距地面的垂直高度，男子比赛为1.6米、女子比赛为1.5米、混合双人比赛为1.6米。网的两端距离地面的垂直高度须相等，两端的高度与中间的高度相差不得超过2厘米。

（三）标志带与标志杆

1. 标志带

在球网的两端，垂直于边线和中心线交接处，各系有一条宽4厘米、长76厘米的白色带子，叫标志带。

2. 标志杆

在球网上衔接标志带外侧，应系有两根有韧性的杆，叫标志杆。标志杆长1.2米，直径1厘米，用玻璃纤维或类似的材料制成，两杆内侧相距6.1米（单人赛5.18米）；标志杆应高出球网上沿44厘米，并用对比鲜明的颜色画上10厘米长的格纹。

（四）毽球

毽球主要由毽毛和毽垫等构成。毽毛为4个白色或彩色羽毛呈十字形状插在毛管内，每支羽毛宽3.2～3.5厘米。毽垫由上垫、下垫和毛管构成，采用橡胶制作。毽垫直径3.8～4厘米，厚1.3～1.5厘米。毛管高2.5厘米。毽球高度为13～15厘米，重量为13克（±0.5克）。

思考题：

1. 阐述毽球进攻战术与防守战术的运用。
2. 结合教学案例，阐述毽球教学方法的运用。

导读索引：短兵运动是一项具有浓郁民族色彩的传统体育项目，属于民族传统体育中的竞技格斗类。其技法与格斗之特色，内蕴丰富，历史悠久。本章将从短兵起源与发展、基本技术以及教学方法等方面进行架构，旨在突出短兵基本技法的普适性，利于短兵竞技的学练与推广。

第四章　短兵运动

第一节　短兵运动概述

一、短兵形成与发展

短兵，实指以中华武术的刀、剑、鞭杆、苗刀为代表的短兵器的总称。它是两兵相交、相较、相抗、相搏的对抗格斗武术形式，而非剑、刀术套路演练和套路竞技的形式。在原始社会时期，人们为了生存，在与兽斗、与人斗、与自然斗的过程中所用的器械，既是兵器又是生产工具。最初是石质、木质的可用之物，后来发展成青铜兵器和铁质兵器。在漫长的原始人的生产活动中，孕育了一切文化。各种兵器的萌生、演变、发展无一例外，都与中华民族文化的发生、发展相应而生。

（一）短兵运动的形成

自 1928 年中央国术馆成立起，其便对武术套路及踢、打、跌、拿等技法，实行继承与创新，短兵便在这一大环境下应运而生。短兵的形制、内容、形式等逐一形成。

短兵形制的确立，也经过了系列改进。起初，在相当长的一段时间里，是以竹质藤条裹以牛筋、皮条而制成的竹剑，作为"兵杖"，其打法激烈，伤害严重，故又以当今裹棉皮质短兵加以改进，总算确立了传袭至今的短兵形制①。自1979年武术整理挖掘工作以来，短兵器械形制经过几次变化。（图4-1）

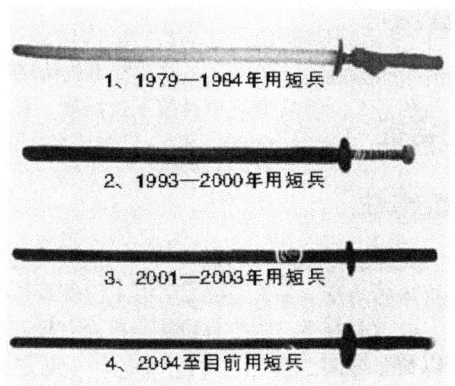

图4-1

对于短兵形制的确立，更利于短兵运动的开展和推广。随后，短兵作为必修课，历经中央国术馆到体育专科学校，形式多样，促进了短兵的形成。

（二）短兵运动的发展

1950年，原国立国术体育专科学校，与天津女子师范学院合并，成立天津河北师范学院，其中，河北师院体育系，在全国所有体育系科中，独家开设武术课，短兵便在开设课程之内，且颇受欢迎。

在随后的几年发展中，短兵的技术规则均在更新。1951年，"天津市民族形式体育表演比赛大会"上，设有短兵比赛项目。当时按体重分级，设轻量级和中量级两个级别进行比赛，场面十分激烈。

1952年，短兵比赛规则有所变化，以体重分级，打法不受限制。拓展了短兵技术的发展。

1953年，首届"全国民族形式体育表演和竞赛大会"之前，举行短兵选拔赛。规则采用五局制，每局五剑，运动员着装为棉质运动衣。比赛场面十分壮观。

同年，天津举办"全国民族形式体育表演比赛大会"，采用三局两胜、每局三剑的单循环制。其着装已演变为民族服装，且戴击剑面罩。

---

① 马贤达. 中国短兵·教学训练竞技[M]. 西安：三秦出版社，2003.

1954年后，由于社会诸多原因，短兵比赛暂停。1979年，再度发展。

20世纪八九十年代，短兵作为传统武术课程内容，在北京体育大学民族传统体育专业开设。

2002年在青岛召开了短兵规则研讨会，2003年将短兵编入《中国武术教程》。

二、短兵运动的特征

（一）民族特色

古籍记载："示之以虚，开之以利，后之以发，先之以至。"（《庄子·说剑》）"凡手战之道，内实精神，外示安仪。"（《越女论剑》）对古时剑术的描述，可谓短兵运动的起源之一。究其起源，受我国传统文化的影响。一则，礼仪。短兵从属于武术，是民族传统项目之一。练习与比赛之前，双方均要互行"短兵"之礼，是我国的"礼仪之邦"精神的传承。二则，技艺。短兵中"点到即止"技艺，将中庸之道展现得淋漓尽致；"避实就虚"打法，体现了兵家文化特色；"刚柔相济"的一招一式，印证了内蕴丰富的"刚柔学说"。诸上均彰显出中国传统文化特色，故短兵具有民族特色之特征。

（二）技击性

技击，可谓短兵之技术核心，是短兵运动的本质特点。从起源来看，短兵技术源自生存之"存"，战争之"战"，故在其发展过程之中，总结和提炼出短兵的对抗搏斗技术经验，形成了独具特色的技击特点；就当下短兵比赛而论，赛场上，运动员运用刺、点、劈、砍、斩等技术，是对原始技击的再现，凸显了其本质特征。

（三）安全性

短兵是一种安全可行性较高的对抗性项目，其安全性在于，一是器械与护具所护。当下短兵是一种特制的，由被海绵皮革包裹的藤条、竹片等制成，松软而有弹性乃至初学者能够使用的充气型短兵；竞赛和训练时衣着短兵服装，加强了保护。二是规则所限。受到规则和礼节的限定，学生可对脸部、裆部加以保护。

诸上体现出短兵运动的安全性，也是其普及推广的基础所在。

（四）观赏性

短兵比赛与散打、拳击等项目一样，以击中对方有效部位来评判胜负。具有激烈、紧张和斗智斗勇的场面，对观众颇具吸引力。如比赛之中，进攻之时，以劈、砍、刺、崩、点、斩等手段进行，动作变幻多样；防守之时，以格、架、闪展等手段进行，动作灵活多变；最终展现"点到即止"的精彩场面，使短兵比赛不仅激烈刺激，又安全文明。给观众带来视觉的享受、心灵的震撼，体现出观赏性的特征，日益受大众之青睐。

三、短兵运动技术特点

短兵运动技术是持器械达到延伸手臂的效果，完成远距离击中对手人械一体的技术。在长时间的实践中体现并归纳了以下特点：

（一）快

快，是短兵中一个"总合体"的表现；其"总合体"表现在思维、速度、动作等反应方面"快"的总合表现。拳谚云"手快打手慢，神仙都难战""快打慢""手似流星""眼似电，出兵如射箭"，只有迅速地出击，才能达到"先发先中"和"后发先中"的击打效果。就短兵而言，快，体现在反应快、动作快和位移快三个方面。反应快，即从观测、判别到操纵动作，思维迅速快捷，如赛场上面对对方动作，做出及时反应；动作快，即动作从开始启动到击中目标，尽可能在最短的时间内实现整个动作，如短兵中"刺"法的施展，便是"唯快不破"之理；位移快，即身体的移动的速度快。身体位移主要是通过步法配合身法实现的，如比赛场上，短兵中的"防"与"守"。诸上均说明短兵技术"快"之特点。

（二）准

准，是指动作的运行路线、击打部位、力点等达到准确性。运动路线是身体手臂、兵器的运行轨迹，其准确度，因不同的方法、不同的时机而异，属于动作规格中的动态规格。击打部位是指对方身体的得分部位,其准确度直接影响比赛的最终结果。短兵的准确度对身械协调配合、步法的灵活移动均有一定的要求。力点准,利于克制对手的进攻,给己方提供场上优势。诸上"准确性"均要在平时实践中对动作规格、距离判断等清晰掌握。

(三) 稳

稳,是指完成动作的稳定性。在激烈的短兵对抗搏击中,保持身体的稳定和心理情绪的平稳,必须考虑三个方面的因素:

(1) 力的因素。一是,作用力和反作用力。作用力越大,反作用力越大,身体的重心不稳定,无益于把持反作用力。二是,动作击中对方后碰到阻力,需要快速调整姿势形态和稳固重心,为发起下一个进攻或防守动作做准备。

(2) 重心因素。短兵技术固然有"快""准"的技术要求,但务必在保持身体重心稳固的前提下进行,尽可能防止偏移身体重心的现象出现,以避免给对方形成"顺手牵羊"的机会,甚至造成自己"马失前蹄"、被动挨打的局面。

(3) 心态因素。在练习或比赛前调整心态,使之适应模拟比赛或正式比赛的场景,培养心态之"稳"。

(四) 活

活,是指动作之间迅速灵动之变幻。动作的灵动变幻,是对"身体姿势"的要求,如"脚跟要微提起,膝盖要微弯曲,以保持身体弹性,便于动作的转移;重心处于两腿之间,便于转换动作;肌肉适度放松,便于快速启动;下颌微收,头不偏不倚,便于集中注意力,快速反应。"短兵中的步法、械法、手法、眼法等均凸显其灵活性。

(五) 长

长,是指进攻时,在重心、支点稳固的前提下,介入活动的各个关节尽可能延伸,使其进攻之"力",力达长远;这样既拓宽了己方"火力点"的"击打"范围,又增加了对方防守时的难度,此谓"一寸长,一寸强"之理。为体现"短兵长用"之法,需在技术锻炼过程当中,不论是空技击练习,还是各类组合练习,均要进行有意识的"延伸性"训练,构成良好的动作定型。以便突出

"长"之所用。

(六) 巧

巧,是指运用短兵技术时的方法巧妙。短兵运动具备武术的攻击性与因时制宜的技术特征,为其动作相生相克的巧妙运用提供了宽广的空间和丰富的内容。俗话说"巧制力""巧制快"。在运用短兵技术的过程中,要充分发挥短兵动作相生相克的特征,充分利用各类战机,采取与之相对应的方式,顺其力而破之、攻之,实现"以巧取胜"的效果。

第二节 短兵运动基本技术

一、短兵运动的实战姿势

短兵实战中,实战姿势乃基础之势。由握兵之法、身形、步型、眼法等诸方面组成。现在将握兵之法、步型、身形、眼法等方面一一介绍。

(一) 实战姿势之握兵

1. 锁握法

动作方法:左手(或右手)拇指扣于食指的第一指关节处,其余三指握紧兵柄,虎口贴紧护手盘。(图4-2、图4-3)

图4-2

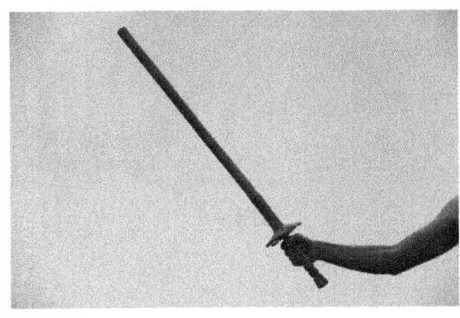
图4-3

要点：锁握时，勿成"死把"（僵硬紧张之状），以防在左右横砍和划圈立劈时，把法僵硬，影响动作的灵敏和速度。

2. 开握法

动作方法：左（右）手拇指张开，拇指尖前顶护手盘，其余四指并拢握紧兵柄。（图4-4、图4-5）

图4-4

图4-5

要点：拇指须前顶，其余四指紧握兵柄，防止短兵脱落。转动时，拇指随即扣于食指部位。

3. 双手握法

动作方法：双手握法是在右单手握法的基础上，左手辅助，而构成握法。左手与右手掌心相对，两手紧贴持握。握柄时，根据用法，左手可满把，或四指轻贴，便于发力。（图4-6～图4-9）

图4-6

图4-7

图 4-8　　　　　　　　　图 4-9

要点：双手握法，可加强进攻和防守时的劈、砍等力气，非持握不变的持兵法，须灵活运用。

（二）实战姿势之步型

动作方法：以右手持兵为例。右脚在前，脚尖正对前方；左脚在后，脚尖外展，与右脚约成90°角。两脚的距离约本人脚长的三倍；两膝微屈，大腿与小腿约成120°角；重心在两腿之间。（图4-10～图4-12）

图 4-10　　　　　　　　　图 4-11

图 4-12

要点：实战姿势的步型，与武术中的"半马步"相似。运用之时，须步法敏捷，进退快速，重心必须在两脚之间，以便于移动。

（三）实战姿势之身形

动作方法：在实战姿势中，上体斜对前方，两肩前后一线。上体中正，头右转，下颌微收，目视前方（图4-13、图4-14）；前手持兵，伸臂前举，与腰齐高，兵尖向上，后手后上举，前后臂一线，为一般实战姿势（图4-15）；在实战过程当中，根据实况，后手亦可回收置于身后。（图4-16、图4-17）

图4-13

图4-14

图4-15

图4-16

图4-17

要点：注意身形方向，以及后手辅助之用。

（四）实战姿势之眼法

眼法，运用之时，需注重"眼观六路"之效，且及时判断与反应。

二、短兵运动的基本步法

（一）向前进步

动作方法：以一般实战姿势为例（下同）。右脚贴地面向前进一步，左脚跟进，重心在两脚之间，上体身形不变，两眼目视前方。（图4-18、图4-19）

图4-18　　　　　　　　　　图4-19

要点：一进一跟（右脚进步时，左脚蹬地，助力右脚移动，左脚随即跟进）；步幅一致，重心稳固；上体勿前倾或后仰。

（二）向后退步

动作方法：左脚贴地面向后退一步，右脚立刻后退；重心在两脚之间，上体身形不变，两眼目视前方。（图4-20、图4-21）

图 4-20　　　　　　　　图 4-21

要点：一退一跟（左脚后退时，右脚蹬地，助力左脚移动，右脚随即跟退）；运行步幅一致，重心稳固；上体勿前倾或后仰。

（三）向右移步

动作方法：右脚先向右侧，横移半步，左脚随即向右横移半步；上体身形不变，两眼目视前方。（图 4-22、图 4-23）

图 4-22　　　　　　　　图 4-23

要点：移动迅速，上体勿前倾或后仰、左右晃动。

（四）向左移步

动作方法：左脚向左横移半步，右脚立刻向左横移半步；上体身形不变，两眼目视前方。（图 4-24、图 4-25）

图 4-24　　　　　　　　图 4-25

要点：移动迅速，上体勿前倾后仰、左右晃动。

（五）抢步

动作方法：右脚由原地突然向前上步，屈膝前弓；左脚蹬直成右弓箭步为前抢步；后抢步与前抢步动作相同，唯方向相反；抢步之时，上体身形不变，两眼目视前方。（图 4-26～图 4-28）

图 4-26

图 4-27　　　　　　　　图 4-28

要点：突出抢步之"抢"，以"出其不意、攻其不备"。

（六）卸步

动作方法：右脚向后撤半步，左脚不动，上体身形不变，为单脚单卸步（图4-29）；两脚同时向后撤半步，上体身形不变，为双脚双卸步，两眼目视前方（图4-30~图4-32）。

图4-29

图4-30

图4-31

图4-32

要点：卸步轻灵，沉稳；且达到"卸中有攻，卸中有进"的技击状态。

（七）提步

动作方法：右脚原地屈膝上提；脚面绷平，高于左膝。重心置于左脚；保持身体平衡；两眼目视前方。（图4-33）

第四章 短兵运动

图 4-33

要点：上提右脚时直接上提，勿后收或前伸；动作轻快，重心平稳；提步乃含"前进、后撤以及躲闪"之意，是瞬间过程，非定势状态。

三、短兵运动的进攻技术

进攻动作，以"劈""撩""点""崩""剪""挑""砍""斩""刺"九个招法为主。下列技法均以右手持短兵为例。

（一）劈

短兵由上至下，进攻对方称为劈。分为"立劈""斜劈"和"抡劈"三种。

1. 立劈

右臂前伸，短兵由上至下，劈击对方面部，力达短兵前端。目视立劈方向。（图4-34、图4-35）

图 4-34

图 4-35

81

要点：力点清晰，动作干脆。

2. 斜劈

右手持短兵，经右向左下劈，称为左斜劈；力达短兵前端。右斜劈动作相同，唯方向相反。目视斜劈方向（图4-36~图4-39）。

图4-36

图4-37

图4-38

图4-39

要点：发力路线顺达，力点清晰。

3. 抡劈

右手持短兵，由前向下、向后再向前，轮转360°，抡劈对方躯干或手臂；力达短兵前端。短兵经体内侧抡劈者，为"内抡劈"；短兵经体外侧抡劈者，为"外抡劈"。眼随械走。（图4-40~图4-45）

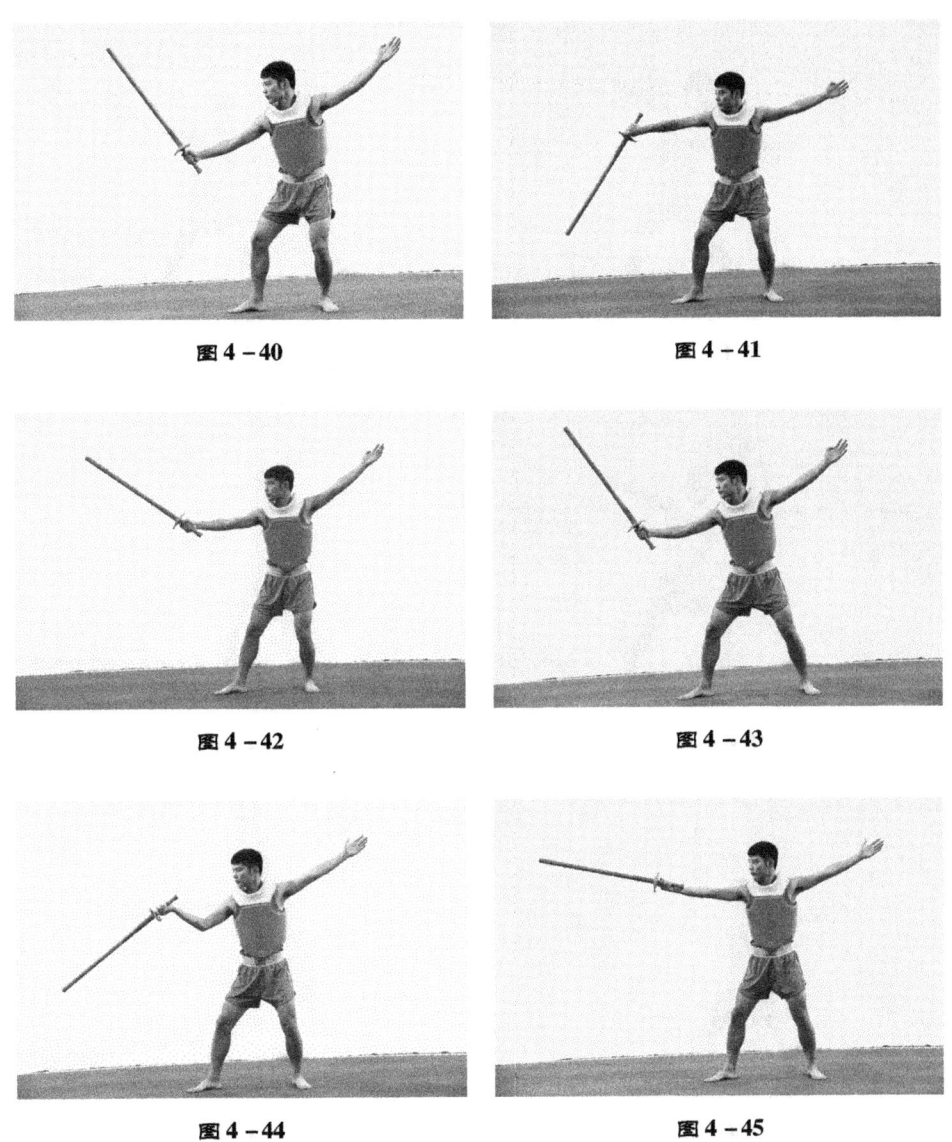

图 4-40　　　　　　　　　图 4-41

图 4-42　　　　　　　　　图 4-43

图 4-44　　　　　　　　　图 4-45

要点：路线走立圆，速度快，力点明。

（二）撩

撩，由下向上撩击对方躯干、手臂和腿部，力达短兵前端；分正撩与反撩。正撩时，手臂外旋，短兵经身体外侧向上撩。反撩与正撩动作相同，唯方向相反。眼随械走。（图4-46~图4-51）

图 4-46　　　　　　　　　图 4-47

图 4-48　　　　　　　　　图 4-49

图 4-50　　　　　　　　　图 4-51

要点：贴身立圆而撩，手腕灵活，力达短兵前端。

（三）点

腕部上提，使短兵尖由上向前下点击，力达短兵尖，点击对方手腕。（图4-52、图4-53）

图 4-52

图 4-53

要点：注意腕部松紧之力，点击迅速，力点清晰。

（四）剪

用短兵尖端击打对方腕者，称"剪"或称"剪腕"。以腕为轴，短兵在手臂两侧，由前下立圆环绕，力达短兵尖端。由手臂内侧立圆环绕，称"内剪腕"；由手臂外侧立圆环绕，称"外剪腕"。（图 4-54～图 4-57）

图 4-54

图 4-55

图 4-56

图 4-57

要点：剪腕，贴身，走立圆；力达短兵前端或兵尖，剪之力度如镗锉。

（五）崩

手腕下沉，短兵尖端由下向上崩击对方手腕和前臂，力达短兵尖端。（图4–58、图4–59）

图 4–58　　　　　　　　　图 4–59

要点：沉腕，迅速，力点清晰。

（六）挑

短兵呈斜状，由下向上为挑；力达短兵前端。（图4–60、图4–61）

图 4–60　　　　　　　　　图 4–61

要点：短兵与手臂呈直线，力点清晰。

（七）斩

斩，分左右，右臂内旋，向右（左）横击，力达短兵前端。（图4–62、图

4-63)

图 4-62

图 4-63

要点：寸劲横击，横移弧度不宜过大，力点明。

（八）砍

短兵之中，砍分正反。右臂外旋，由右向左横击，力达短兵前端，为"正砍"；反砍与正砍动作相同，唯方向相反。（图 4-64~图 4-68）

图 4-64

图 4-65

图 4-66

图 4-67

图 4-68

要点：以腰带臂，力贯手臂，力达短兵前端。

（九）刺

右臂伸肘直臂，使用短兵由后向前，直线为刺，力达短兵尖。短兵尖高与肩平，称"平刺"（图 4-69）；由下向上刺击，短兵尖高与头平，称"上刺"（图 4-70）；由上向下刺击对方膝盖或脚面，短兵尖高与膝平，称"下刺"（图 4-71）；右臂外旋，反手由左向前刺击，称"反刺"（图 4-72）；右臂内旋，短兵向前下刺，称"插刺"（图 4-73）。

图 4-69

图 4-70

图 4-71

图 4-72

图 4-73

要点：以腰为发力点，力贯手臂，达于短兵之端；短兵与手臂成"一直线"。

四、短兵运动的防守技术

（一）防守动作

1. 格挡

分右格挡与左格挡。短兵尖斜向上，右臂内旋，兵身向右摆动，力达短兵中后段，为右格挡（图 4-74）。左格挡与右格挡动作相同，唯方向相反。（图 4-74～图 4-77）

图 4-74

图 4-75

图 4-76

图 4-77

要点：格挡幅度适宜（幅度不超过身体两侧，短兵不离中线），力达短兵中后段。

2. 架挡

分正架挡与反架挡。右臂内旋上抬，使短兵成斜面横架于头上方，右臂微屈，械身保持横平或短兵尖端略低于短兵柄部，力达短兵中部，为正架挡。反架挡与正架挡动作相同，唯方向相反。（图4-78~图4-81）

图 4-78

图 4-79

图 4-80

图 4-81

要点：架挡幅度适宜，力点清晰。

3. 拦截

分左拦截与右拦截。右臂内旋，使短兵械身向下，向右，拦阻切击；力达短兵身前段，其械身仍保持斜置，为右拦截。左拦截与右拦截动作相同，唯方向相反。（图 4 – 82 ~ 图 4 – 86）

图 4 – 82

图 4 – 83

图 4 – 84

图 4 – 85

图 4 – 86

要点：短促发力，力达械身前段。

（二）距离防守

1. 卸势

卸势，在后卸步法运用基础上，用以破坏对方进攻时所产生的距离。在向后卸步的同时，配以引进、前俯等身法的变化，以提高防守效率。

要点：卸步的步幅以半步为宜。步数可因实际情况而定。以退为进，形成时间差，再给予反击。

2. 躲闪

向左、向右移步闪躲，属于横向距离间的防守。

要点：横向位移准确，幅度适宜，利于己方躲闪，且反击。

（三）战斗剑位与实战距离

1. 战斗剑位

即在两兵相交时，相应的打法和防守姿势。一般有以下两种。

（1）叉字状：即交叉状。

①内交叉状：己方兵械与对方兵械内侧交叉。（图4-87）

②外交叉状：己方兵械与对方兵械外侧交叉。（图4-88）

图4-87　　　　　　　　图4-88

（2）一字状：即两兵平面，横兵相叉。

平行一字状（图4-89），上下一字状（图4-90）。

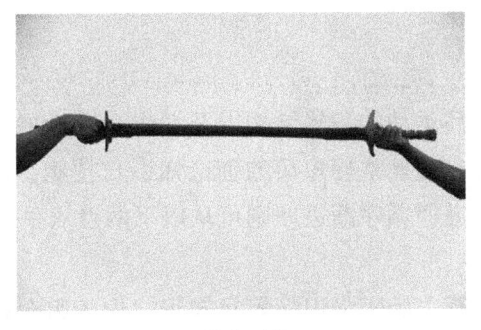
图 4-89

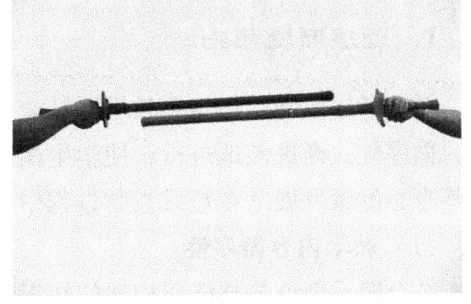
图 4-90

要点：战斗剑位，注重攻与防的时机，反应果断、敏捷。

2. 实战距离

实战距离按竞技状态一般分为"圈内距离"与"圈外距离"。

（1）圈内距离：两兵相交，兵身中前部位相接触的距离。

（2）圈外距离：两兵相交，兵身之间未接触的距离。

要点：灵活处理"圈内距离"与"圈外距离"之界，并以相应招法与之。

第三节 短兵运动教学与训练

一、短兵运动教学

短兵教学是教师向学生传授短兵礼仪、理论知识、技术及相应的练习方法，使学生掌握并提高短兵理论知识、技能和武德修养的过程。短兵教学主要从教学基本原则、教学的阶段和步骤、教学方法3个方面展开叙述。

（一）短兵教学基本原则

短兵教学原则，一方面是短兵教学规律的反映；另一方面是教师长期教学实践经验的高度概括和总结。因此，为更好地完成教学目的与任务，提高教学质量，教师在短兵教学过程中，还需遵循以下基本原则。

1. 循序渐进原则

循序渐进原则，指短兵教学要结合短兵运动的逻辑结构以及学生身心发展状况，循序性、渐进性地进行，使学生能够有效地掌握短兵的理论知识与技能，促进其身心健康发展。在短兵教学过程中，遵循循序渐进原则可从以下两点入手。

（1）教学内容循序性

结合短兵理论与技能所构架的知识体系，始于常识性短兵知识，中于组合技能学习，终于理论与技能的结合与提高。各个阶段均要处理好短兵教学中的重难点，使教学内容循序而行。

（2）教学过程的渐进性

教学过程渐进性包括教师角度的教授和学生层面的学习。从教师角度的教授来看，合理安排教学过程，使教学内容在教学过程中呈现传授短兵内容的最优顺序，化难为易，深入浅出；由学生层面的学习来看，学练短兵理论与技能，需系统学习，扎实基本功，进而提升技能，不可一蹴而就，急于求成。

2. 区别对待原则

区别对待原则，指在短兵教学过程中，根据学生的不同条件与特点，有针对性地选择习练内容、方法、手段与负荷。使每个学生在各自原有的基础之上获得充分发展。在短兵教学过程中，遵循区别对待原则可从以下两点入手。

（1）明晰学情，细致分析

明晰学情，细致分析，是实施区别对待原则的前提。教师应清楚知晓每一位学生的认知态度、兴趣爱好、性格特点等，并加以细化分析，明晰学生对短兵这一项目的内部需要，从而设立相应目标，找寻得当的教学方法；以引起学生习练兴趣，进而激发学生更深层次的学练动机，最终转化为学习短兵的持久动力。

（2）发现差异，尊重差异

发现差异，尊重差异，是实施区别对待原则的关键之处。通过上述"明晰学情，细致分析"，便能得知学生间的差异所在。譬如，有的学生形象思维强，有的学生逻辑思维强，有的学生理解与接受能力强，有的学生则相对迟缓，故在短兵教学之时，应根据其差异之点，选择与之相应的教学方法，区别对待，尊重差异；培养学生自信心，让他们体验"成就"感。

3. 直观性原则

直观性原则，指在短兵教学中，通过对学生的视、听、触各感觉器官系统给予综合刺激，使其建立短兵运动的技术直觉表象，获得感性认识，从而较快形成动作技能。在短兵教学过程中，遵循直观性原则可从以下两点入手。

（1）示范讲解精准化

直观感性认识源于对动作正确概念的把握。正确的示范配以简练讲解，可使学生初步获得正确的动作概念；运用不同示范面，以多样化的讲解法，使短兵的技能动作深入浅出，直观形象。

（2）现代媒体功能化

现代媒体功能化主要指运用录像、视频、图片等多媒体功能教学，以视频的形式，将短兵技术逼真地、系统地呈现，进一步加深学生对短兵技术环节、过程与关键的理解，加深加固其对动作概念的全方位掌握，从而提高学生学习效率。

4. 德为先原则

德为先原则，其中德，指武德，即在练习短兵的过程中，学生在掌握短兵技能的同时，均要严格遵守武术礼仪，落实武德的要求。在短兵教学过程中，遵循德为先原则可从以下两点入手。

（1）重视"未曾习武，先明德"的价值

作为持械对抗项目，短兵运动能培养搏斗格杀技能。教学中，若不能对学生加以正确引导和教育，很容易造成学生的失衡发展。因此，习练短兵之前，必须传授其武德礼仪。以礼始，以礼终。将育人作为短兵教学重点，通过系统的武德培养，形成其良好的精神风貌。

（2）以短兵技术为载体，弘扬民族传统精神

短兵项目属民族传统体育项目之一，民族文化内涵丰富，其技艺便是一种文化的外显。通过对短兵技术的传授，彰显武德的本色，使学生体悟我国传统文化，弘扬民族传统精神。所谓"德艺双馨，文武兼备"，便是在弘扬民族传统精神之下，对短兵教学提出的最终目标。既为短兵项目可持续发展提供了有力保证，又体现了当代社会道德建设的基本要求。

（二）短兵教学的阶段和步骤

1. 短兵教学阶段

短兵技能的形成是一个循序渐进的过程。结合运动生理相关理论知识，可将其划分为泛化阶段、分化阶段、巩固和运用自如阶段。各阶段教学的目的、任务与采用的手段方法都有各自特点。

(1) 泛化阶段

泛化阶段是短兵初学阶段。由于学生大脑皮质兴奋与抑制过程广泛扩散，以视觉表象为主，导致动作表象模糊，肌肉的本体感觉较差，缺乏对动作的控制能力，极易受周围环境的干扰。因此，学生在此过程中，易出现动作僵硬、费力、多余动作等现象。

针对泛化阶段现象，教师应着重示范正确性及主要环节；简练讲解；且对本阶段在技术主要环节中出现的问题进行针对性练习，不宜过多强调技术细节。

(2) 分化阶段

分化阶段是短兵学习的第二阶段。经过一段时间的短兵技术系统练习，大脑皮质的兴奋与抑制过程出现分化，学生能较顺利和连贯地完成动作，动力定型初步建立，但稳定性弱，若遇新异刺激，则错误动作会重新出现。

针对分化阶段现象，教师应着重纠错时机，及时纠错；深化动作细节，加深学生对技术细节的体会，如采用击标练习法、条件实战法等方法手段来加固。

(3) 巩固和运用自如阶段

经过长期练习，学生大脑皮质兴奋与抑制过程高度分化，动作准确、连贯、省力，动作环节的调控日益完善。动作达到自动化水平，动力定型更加稳固化；实战中能妥善处理各种情况，在特定条件下会出现技术创新。

针对巩固和运用自如阶段现象，教师在对学生的动作质量精益求精的同时，还要防止消退现象发生，可以通过实战比赛法、技术诊断法来进行完善提高。

2. 短兵教学的步骤

(1) 建立动作概念

此为第一步。以直观法教学为主。学生在教师指导下，形成短兵动作的初步概念。因此，教师应根据泛化阶段现象，着重动作的关键环节，而不应过多强调细节。

(2) 深化动作细节

此为第二步。在初步掌握动作技术的基础上，体会动作细节和用力方法，不断提高练习的准确性，使动作技术趋于协调、完整。除了单一动作技术练习，还要加强组合技术的练习，注重动作间的衔接，避免基本技术出现问题。此步骤需着重反复练习，形成良好的攻防意识，强化条件反射。

(3) 技战术相合

此为第三步。在建立正确动作动力定型的基础上，通过两人间的有意识配合练习，强化技术、战术。配合练习的方式方法多样，可根据学生的水平和本步骤所要解决的主要问题来安排教学。

（4）条件实战

此为第四步。在较好配合的基础上，可以限定部分条件进行双人实战练习。条件的内容既可限定攻防次数、速度、距离等，也可限定击打部位、使用方法、攻防对象等，使之呈现多样化。进一步培养技术、战术的理解和运用能力，达到对实战中"时空"要素的准确把握，提高实战的应变能力。

（5）实战演练

此为第五步。实战可以促进技战术更深层次地相融，并通过教师或自我诊断及时总结技、战术环节中存在的问题，发现"短板"，进而提高实战能力。

上述"五部曲"中，每一步的周期，因人而异，每一步均是"针对性"练习，方能层层递进。

（三）短兵教学方法

教学方法是实现教学目的、达到教学效果、完成教学任务的重要手段。如何选择教学方法，须根据教学目的与任务的要求、学情、环境等相关因素，进行"最佳组合式"的选择与运用，方能"事半功倍"地达到预计的教学效果。

1. 教学方法

（1）示范法

示范法是教师通过准确示范动作，来达到指导学生掌握动作技术要领的教学方法。属于短兵教学常用方法。示范法有详细、直观的教学效果、充分调动学生积极性、引起学生兴趣的特征。尤其在短兵学习的初级阶段非常重要。通过技术动作的准确示范，可使学生对所学的动作较快建立初步的动作表象。运用示范教学法一般需注重示范的精准性、针对性，示范方法的多样化，适宜的示范面及示范位置，以及示范与讲解相结合等方面。

（2）讲解法

讲解法是指在短兵教学中教师通过言语讲解向学生说明教学任务、动作结构及要领等内容，以使学生正确理解动作，快速掌握技术动作的一种教学方法。讲解语言要具备目的性强、简明扼要、启发性足等特点。使用讲解法应注重讲解内容和讲解方法。

讲解内容主要包括动作名称及规格、动作攻防、动作易犯错误、实战中价值等内容；讲解方法主要运用形象化、单字化、术语化等方法。

（3）完整与分解教学法

完整与分解教学法，是短兵教学惯用方法之一。应根据动作的构成，选择完整教学法或分解教学法。最终，将二种方法结合使用，提升教学质量。

①完整教学法：完整教学法是将动作结构完整地进行教学练习的方法。利于学生掌握动作全貌，形成动作初步概念。但对难度较大的动作来讲，不易较快地掌握动作中的关键环节。据短兵技术动作特点，运用完整教学法的要求如下：

第一，教学重点清晰化。进行短兵完整教学时，重点应清晰明了，使完整教学"有的放矢"。

第二，完整—分解相结合。对于动作路线、攻防因素复杂等难度大的动作，先进行分解练习，再串联完整练习。

②分解教学法：分解教学法是将完整的动作根据动作构成，分解为适宜的动作部分进行教学的方法。分解教学法适用于难度较大的动作，运用分解教学法时，应遵循如下要求：

首先，分解动作勿太细，动作分解太细，不利于形成动作完整性；其次，分解动作要领清晰，每一分解部分，其规格、要领须清晰；最后，"分解—完整"过渡及时，当学生通过分解练习初步掌握动作后，应尽快向完整动作过渡，保证动作完整性。

运用完整与分解教学法，应着重完整与分解的时机，遵循"完整—分解—即完整"教学原则。

（4）模拟教学法

模拟教学法是依据学生的实际情况，有针对性地模拟实战情景，提高技战术能力的教学方法。运用模拟教学法，须注重情景的目的性，以及趋于真实性。

（5）纠错法

短兵动作技能的形成，历经"模糊"到"清晰"的过程；运用纠错法，能相应缩短"模糊"到"清晰"的历程。"模糊"即动作技能形成中的各式各样的错误。教师在使用纠错法时，一般应注重"二心一时"。"二心"指耐心纠正，细心引导；"一时"指及时，预防"学拳容易改拳难"的现象发生。

2. 教学中的练习形式

学生在初步掌握动作的基础上，需要在教师的指导下进行反复练习，以便形成正确的动力定型。在短兵教学中通常选用的练习方式有单人练习、双人练习、分组练习、集体练习。

(1) 单人练习

单人练习指学生独立对技战术进行练习的方法。利于体会动作细节，培养独立演练的能力。课堂上在进行单人练习时，教师须巡视指导。

(2) 双人练习

双人练习是短兵教学中最重要，且最常用的练习形式之一。利于贴近实战，提升对"时空"的掌握能力，且双人互帮互助，互练互学，有助于提高技战术能力。

(3) 分组练习

分组练习是将学生分成若干小组，依照具体教学要求进行练习的方法。利于动作技能进一步细化，发挥学生的主观能动性；培养团队协作精神。教师则对学生进行个别辅导与纠错。

(4) 集体练习

集体练习是由教师统一组织，利用相应教学方法指挥学生集体演练的方法。利于教师纵览全局，把握质与量，对于共性错误，及时纠正；培养学生集体主义精神。

二、短兵运动训练

短兵运动训练，着重从身体素质、技能、心理三方面进行阐述，以提高短兵之综合能力。

(一) 短兵运动的身体素质训练

通常人们把在肌肉活动中所表现出来的力量、速度、耐力、灵敏及柔韧等机能能力统称为身体素质[①]。身体素质的训练，有助于提升技术的掌握与深化。短兵运动训练，亦是如此。本书着重介绍短兵运动中力量、速度、灵敏三方面的相关训练。

1. 力量训练

按照短兵运动员所需的力量素质，以提高有关力量水平为主要目的进行练习。遵循力量适度，循序渐进原则。结合短兵特点，短兵力量训练以一般力量为

---

① 全国体育院校教材委员会. 运动生理学 [M]. 北京：人民体育出版社，2002.

基础，突出手腕力量、手臂静力与爆发力、腰腹核心力量等训练。主要选用抓握实心球，加重器械进行空击及长期持短兵静力练习，持续跳台阶、跳绳等练习内容，通过重复法、极限法、间歇法等训练方法，全面提升力量素质。

2. 速度训练

根据短兵运动员所需的速度素质，以提高相关速度水平为主要目的的专门训练，"快打快收"是短兵运动的一个客观规律，故运动员的速度能力在短兵比赛实战中起着至关重要的作用。一般表现为反应速度、动作速度和周期性运动的位移速度[1]。因此，短兵速度素质训练应以此为重。首先，采取提升短兵击打时动作速度的训练，给予各种不同信号，使学生快速做出反应；其次，注重肌肉的放松训练，体会"松而活"之感；最后，短兵速度素质的提升，还需着重肩、肘、腕等关节的柔韧性训练。训练时，均可采用重复法、变速法、间歇法等，以全面提升速度素质。

3. 灵敏性训练

根据短兵运动员所需的灵敏素质，以提高相关灵敏水平为主要目的的专门训练，是短兵动作技能和其他身体素质的综合反应。训练中主要采用打抛球、各种变换方向的追逐游戏、信号训练等方法，全面发展灵敏素质。

除上述的一般身体素质（包括耐力与柔韧）训练外，还应着重专项身体素质练习。如根据短兵运动员所需的抗击打素质，以提高相关抗击打水平为主要目的的专门训练，主要通过拍打训练、条件实战等练习提高，需循序渐进、注意安全。

（二）短兵运动的技能训练

短兵运动的技能，是指在比赛中运用短兵击中对手得分制胜的能力。其技能训练的任务，就是既要全面掌握基本动作，又要针对练习者在实战条件下无序动作状态的特征和本质规律，建立动作的条件反射能力和动作的调节能力。一般训练方法如下：

1. 空击练习

"空"，指无任何辅助条件；"击"，指实战技战术的外显。故空击练习是

---

[1] 全国体育院校教材委员会. 运动生理学 [M]. 北京：人民体育出版社，2002.

指在教练不提供任何辅助的条件下,练习者手持短兵进行技战术能力提高的练习。可通过单人、双人、分组、集体等练习形式,逐步提高空击练习的目的。此法利于巩固动作技能、明晰发力路线、体会身械配合,从而提高动作质感。

2. 击靶练习

击靶练习是借助人形靶、吊球、吊圈、手靶等辅助器材,帮助练习者提高击打技巧和准确性的一种方法。击靶练习是短兵教学中常用的练习方法之一。击靶分为击"静态"靶和"动态"靶。前者一般适用于初学者,后者适用于有一定基础的练习者。通过击靶练习,将技术动作实战化,提升其应变能力,培养练习者在动态变幻中运用短兵技战术的能力。

3. 攻防练习

攻防练习,指2人一组,根据攻防的运动规律,一攻一防,进行有针对性的练习。攻防练习,遵循由易到难、由一到多的原则;需注意安全,且应注重培养攻防意识先于动作间的攻防。通过此练习,利于提高练习者攻防技术动作的规格,培养攻防意识。

4. 递招练习

递招练习,指依据不同的训练目的与任务,教练或同伴以预先设定的攻防、进退等招法为信号,要求习练者做出相应攻防、进退等系列动作(已设计好的动作)的练习方法。分为隔空递招与接触递招两种形式。隔空递招,利于克服习练者心理畏惧因素;练习时,注意"隔空"距离适宜,双方采取相应动作,以示回应。接触递招,利于"还原"实战练习,着重体会动作攻防,提升应变能力;练习时,注意力度与速度,强调安全性。

5. 条件实战

条件实战,指根据教学目的,在限制练习者部分条件的情况下进行的实战对抗的练习方法。其限制条件,如指定攻防、限制技术、限定动作、限定时间、限定对手等。无论条件如何,均具有针对性,故有利于提高练习者的技战术能力。练习之时,双方必须严格按照限制的"条件"进行实战,达到"条件"的练习目的;可快速形成特定的条件反射。

6. 实战

实战是两人按照一定规则进行竞技的对抗方式，是检验短兵技战术的重要手段。其中，"一定规则"，即可用短兵竞赛规则，也可用自拟规则（因训练目的任务不同，而增加的附则）。在规则导引下，实战须规范化进行；实战者将所学技战术合理运用于实战中，并从实战中积累经验，完善自身技术。采取实战练习法应遵循适时、适度原则，不可急于求成，需循序渐进。

（三）短兵运动的心理训练

心理训练是指通过各种手段有意识地对运动员的心理过程和个性特征施加影响，使运动员学会调节自己的心理状态的各种方法，为更好地参加运动训练和争取优异比赛成绩做好心理准备的训练过程[①]。因此，加强心理训练，使运动员对高强度的短兵训练和激烈对抗的短兵比赛具有良好的心理准备，形成相对稳定的心理状态。

短兵的心理训练一般采用自我暗示法、情绪调控法、模拟法等。

在短兵教学方面，其方法综合选择，遵循"教学有法，法无定法，贵在得法"12字原则；在短兵训练方面，因目的和任务而异，强化训练，提高竞技能力和综合素质。

第四节 场地与器材

一、竞赛场地

场地应为圆形，可平地设置，也可置台设立。（图4-91）

[①] 赵立. 体育概论 [M]. 北京：人民体育出版社，2009.

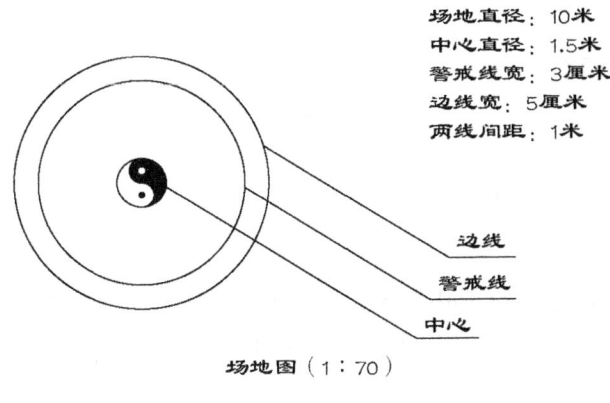

图 4-91

（一）平地设置

①圆形。
②直径以 10 米为宜。
③边线：线宽 5 厘米，白色。
④警戒线：与边线相距 1 米，线宽 3 厘米为宜，黄色。
⑤场心：设太极图，直径 1.5 米为宜。

（二）设台

①场地大小与平地设场相同。
②台高以 80 厘米为宜，圆形，直径 12 米。即在边线之外，应有 2 米的缓冲地段。
③赛台四周应有 1 米宽的松软设施，如铺置海绵垫。

为使短兵易于开展，全国和国际间的比赛可设台进行，便于观赏。省级以下（含省级）比赛可平地设场进行，以免经费开支过大，阻碍短兵竞赛的开展。

二、短兵规格

(一) 男子短兵规格

全长110厘米,兵身长90厘米,手柄长20厘米,护手盘直径11厘米,手柄围度12厘米,兵根围度12厘米,兵梢围度10厘米,重量以400克为宜。(图4-92)

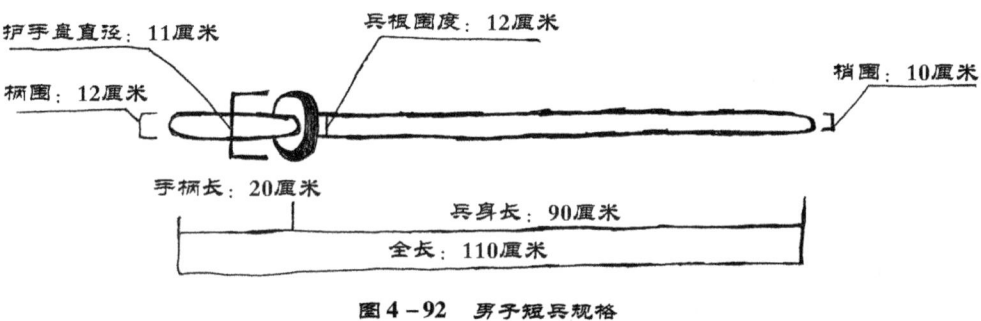

图4-92 男子短兵规格

(二) 女子短兵规格

全长102厘米,兵身长82厘米,手柄长20厘米,护手盘直径10厘米,手柄围度10厘米,兵根围度10厘米,兵梢围度8厘米,重量以370克为宜。(图4-93)

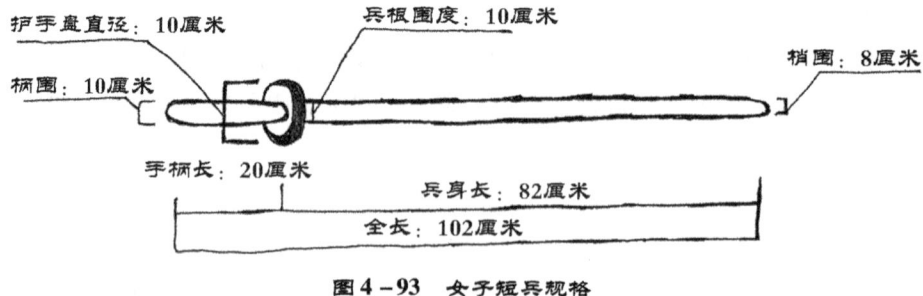

图4-93 女子短兵规格

三、其他器材

其他器材有护面（护罩）、护胸、手套、护裆、护腿。

思考题：
1. 结合实例，简述短兵运动的技术特点。
2. 简述短兵教学方法的运用及注意事项。

导读索引:"花间日午一村晴,柳下风和万籁清。欲怪蓦然天际响,落来知是抖嗡声"(《抖嗡》竹枝词)。"抖嗡"便是"空竹"别称。故"空竹之声,响天际"可谓空竹之特色。空竹属于民族传统体育活动之一。本章以空竹之源、空竹之法、空竹之学等基本知识体系;在掌握空竹之法的基础上,学练空竹,寓"声"于学,其乐融融,将空竹推而广之。

第五章 空竹运动

第一节 空竹运动概述

空竹(图5-1),又名"抖空竹"或空竹运动,是古老的民间游戏,属于民族传统运动项目。拥有悠久的历史和深厚的文化底蕴,是我国民俗游艺项目的重要组成部分。

图5-1 民俗游艺《空竹》

中华人民共和国成立后,空竹逐渐登上杂技表演的舞台,由民间杂耍、儿童游戏转向杂技艺术;但改革开放前期,空竹活动在民间逐渐淡去,直到1995年在全民健身的号召下,空竹活动逐渐"复苏"。2006年5月20日,由北京市宣武区申报,经文化部认定、国务院批准,"空竹"被正式列入"杂技与竞技"首批国家级非物质文化遗产名录(编号Ⅵ-4,序号286)。2007年6月,文化部正式命名李连元为第三代国家级空竹技艺代表性传承人;张国良为第三代国家级空竹制作工艺代表性传承人(图5-2abc)。空竹这项传统民俗游艺项目也逐渐发展成为一项全国性的休闲健身运动,在呼唤健康中国的今天发挥着它的自身价值①。

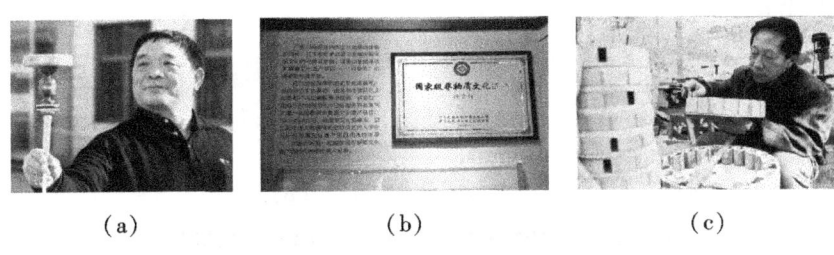

(a)　　　　　　　(b)　　　　　　　(c)

图5-2　首批国家级非物质文化遗产项目——抖空竹

一、空竹溯源及其历史演进

空竹传承的历史久远。据《中国文化通史》第八典《艺文·曲艺杂技志》一书考证,"宋代百戏杂技项目'弄斗'为空竹的早期形式。"②(图5-3ab)明代《帝京景物略》是最早有关空竹记载的文献,因而也有学者将书中提及的"空钟"认为是空竹的古名③(图5-4ab)。近年来,陆续发现了一批宋代之后关于空竹的文字、图像及实物资料,为研究空竹的起源与发展过程提供了很好的参考资料,我们可以从中略览空竹的历史脉络,体会空竹的文化内涵。

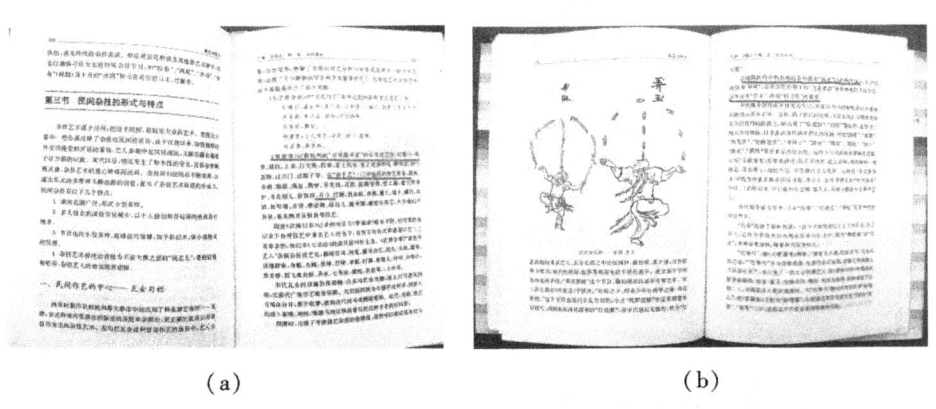

(a)　　　　　　　　　　　　　(b)

图5-3　《艺文》关于空竹雏形"弄斗"的记述

---

① 张基振. 当代空竹运动的发展特点 [J]. 山东体育学院学报, 2011, 27 (4).
② 刘荫柏. 中国古代杂技史 [M]. 北京: 商务印书馆, 1995.
③ 张登峰. 空竹的体育文化价值 [J]. 体育文化导刊, 2008 (11).

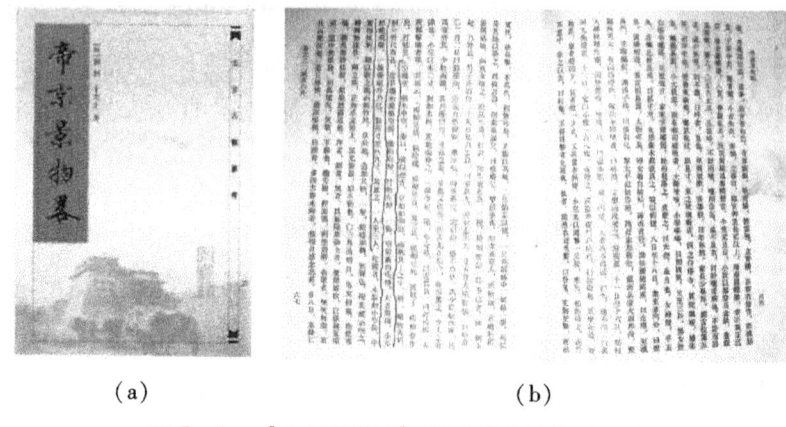

图 5-4 《帝京景物略》关于"空钟"的记述

（一）宋元明时期空竹的存在痕迹与早期发展

北宋画家张择端的《清明上河图》中描绘了北宋时期城市居民正在玩空竹的场景，同今天空竹的动作十分相似，但是空竹器具不是非常明确。《东京梦华录》（图 5-5a）中记载杂技手艺皆有巧名："踢瓶，弄碗，……弄斗，……放爆仗，法傀儡"等。《中国文化通史》第八典《艺文·曲艺杂技志》（图 5-5b）中也有着宋代耍弄杂技"弄斗"，即为"空竹"雏形的记载。宋末元初，周密（1232—1298）的《武林旧事》也有关于"弄斗"的记载。

（a）《东京梦华录》

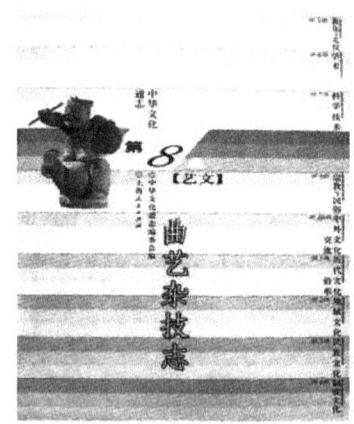
（b）《艺文·曲艺杂技志》

图 5-5 《中国文化通史》

《水浒全传》（图 5-6ab）第一百一十回说："宋江、卢俊义两个在马上欢喜,并马而行。出的城来,只见街市上一个汉子,手里拿着一件东西,两条巧棒,中穿小索,以手牵动,那物便响。宋江见了,却不识的,使军士唤那汉子问道:'此是何物?'那汉子答道:'此是胡敲也。用手牵动,自然有声。'宋江乃作诗一首:'一声低了一声高,嘹亮声音透碧霄。空有许多雄气力,无人提挈漫徒劳。'"① 其中"胡敲"近似现在的空竹,"一声低来一声高,嘹亮声音透碧霄"就是对空竹声音的生动描述。一项活动从起源到演变为杂耍表演一般要经历较长一段时间,结合前述宋代关于杂耍"弄斗"的资料,故推论空竹起源不晚于宋代,应是有依据的。②

(a)
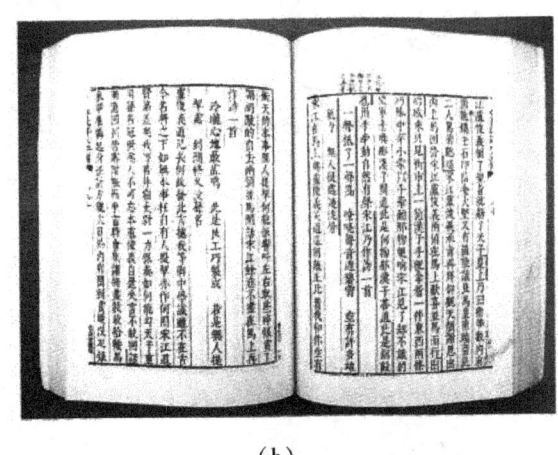
(b)

图5-6 《水浒全传》中关于空竹的记载

明朝《帝京景物略》中有此记叙"杨柳儿活,抽陀螺;杨柳儿青,放空钟;杨柳儿死,踢毽子"③。书中提及的"空钟",即是空竹在明朝的别称。除了文献资料,空竹的历史也存在于古时的一些物件上。例如,秦孝仪所编《海外遗珍·漆器》中收录的明永乐年间所制"剔红婴戏纹圆盒"(图5-7),盒盖上刻着一幅婴戏图,图中就有一童子正在抖空竹,旁边另一个童子捂着耳朵观看。④ 图中⑤所见抖空竹的方法就与现在极其相似。此外,明定陵出土的孝靖皇后的陪葬品中,有两件"百子花卉方领女夹衣"。夹衣上面绣有百子婴戏图,其中也出现了放空钟的场景(图5-8、图5-9)。从图中可见,其特点与现代空竹运动并不

---

① 施耐庵,罗贯中. 水浒全传 [M]. 北京:华夏出版社,2013.
② 张艳荣. 空竹的历史演进及其在当代发展的思考 [J]. 体育文化导刊,2017 (6).
③ 刘侗,于奕正. 帝京景物略 [M]. 孙小力,校注. 上海:上海古籍出版社,2001.
④ 秦海生. 空竹运动发展研究 [J]. 体育文化导刊,2010 (12).
⑤ 秦孝仪. 海外遗珍·漆器 [M]. 台北:台北"故宫博物院",1981:77.

相同,这里的放空钟应该是放"地轴"①。

图5-7 剔红婴戏圆纹盒拓片

图5-8 出土百子衣及复原图

图5-9 百子衣纹样放"空钟"

(二)清至民国时期空竹的普及与多样化发展

清代,抖空竹的方式逐渐成熟成为大众喜爱的活动形式之一。据《玩空竹》载:"上元值宴玉熙宫,歌舞朝朝乐事同。妃子自矜身好手,亲来阶小抖空钟。"并附有注云:"空钟,玩器之一,近舞于京师。新年,王孙、贵姬擅长者皆为之,宫中妃嫔亦多好焉。舞式有'鹞子翻身''飞燕入云''响鸽铃'等",表明抖空竹成为清代宫廷的娱乐方式之一。清代《真州竹技词引》一书载:"(二月)十二日花朝,是日,北郊游人如蚁,八腊庙左右上头,坐者、立者,层列而下,山下坦处,各呈其技。有抖嗡者,以二寸粗竹筒贯上下,中凿一细长孔,缀于短木

---

① 韩男洙. 都市生活变迁中的空竹游戏[D]. 北京:北京师范大学,2010.

两头,抖者以两柄牵三尺绳承之,随承随抖,嗡滚于绳,左右不坠,少顷,声嗡嗡然,忽乃抖之使高,其声益宏,待将落,则仍以绳承之,三起三落,逾摔逾高,观者喝彩。遍翻古书,无此玩具,未知是抖嗡二字否也。"① 这里的"抖嗡"即抖空竹的别称之一。在《朝市丛载》中收录的《厂甸正月竹枝词》中记载当时抖空竹的盛况:"狗熊傀儡互喧闹,汗粉淋漓跑旱船,抖起空竹入云表,千人仰面站沟沿"。其中还有对空竹玩法的描述"每逢庙集,以绳抖响,抛起数丈之高,仍以绳承接,演习各种身段"②。

清末民初,在《清代野记》(图5-10)中记载:"京师儿童玩具,有所谓空钟者,即外省之地铃。两头以筒为之,中贯以柱,以绳拉之做声。唯京师(指北京)之空钟,其形圆而扁,加一轴,贯两车轮,其声较外省所制,清越而长。"③记述"以善空钟得名"的旗人叫瑞麻子,"尝奏技于东西两庙集及新年厂甸中,余曾见之,能以半段空钟用绳扯之,飞高跃低,左盘右旋,无不如志。西人极诧之,谓两轮去一,重心力已失,何以能圜转如意,不致践跌?百思不得其解,乃叹中国人之绝技,固匪夷所思也"④。描绘了京城双轮和单轮空竹与外省筒状空竹的区别,反映出当时京城空竹在制作上的多样性和玩耍效果上的独到之处。

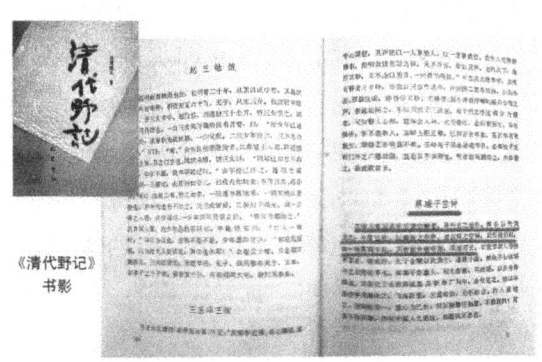

《清代野记》书影

图5-10 《清代野记》关于"空钟"的记载

除了文献之外,北京故宫博物院中,收藏有清代空竹实物若干个(据说有末代皇帝溥仪抖过的空竹)。北京空竹博物馆还藏有故宫清代空竹的复制品,并有民国时期北京天桥演艺区"王氏三姐妹"表演空竹的照片。这充分表明,至清末民初,"抖空竹"已经"从上层社会的游戏、儿童的玩具,逐渐演化成了一项

---

① 张登峰. 空竹多样化名称的文学性解析 [J]. 武术科学, 2007, 4 (6).
② 李虹若. 朝市丛载 [M]. 北京:北京古籍出版社, 1995:160.
③ 坐观老人. 清代野史 [M]. 成都:巴蜀书社, 1988.
④ 坐观老人. 清代野史 [M]. 成都:巴蜀书社, 1988.

普通人喜爱的表演健身和娱乐休闲的活动形式。"①

二、空竹名称的演进

空竹，以竹木为材料制成，中空，因而得名。在历史的演进中，空竹的别称有二三十种之多，各地名称虽异，但形制犹同。

明代《帝京景物略》中记载："空钟者，刳木中空，旁口，烫以沥青。卓地如仰钟，而柄其上之平。"②"空竹"因转动时所发出声音，称为"空钟"。在《真州竹枝词》中，有一首《抖嗡》竹枝词："花间日午一村晴，柳下风和万籁清。欲怪蓦然天际响，落来知是抖嗡声。"③ 此处"抖嗡"是因声而得名的空竹别称，"抖"是运动产生力量的方法；"嗡"是一种激荡人心、萦绕悦耳的声音。《北京民间风俗百图》中有一幅《风葫芦》，图中风葫芦的外形与现在的空竹很是相似，邓云乡先生在《鲁迅与北京风土》中也把地轴叫作"风葫芦"。因此，风葫芦可能是空竹的另一名称。《燕京岁时杂咏》中有一首诗曰："太平鼓音铁铮铮，儿戏喁于互送迎。墙角鸟鸟声断续，响葫芦与纸风筝。"这里以响葫芦、风葫芦来称呼空竹，可能由于其形体与葫芦相似，且会因风的进入发出声响而得名。

各地对"空竹"的称谓各不相同。江苏扬州人称空竹为"地嗡子"，天津民间把空竹叫"闷葫芦"；有的空竹嗡嗡像蝉鸣，有的像铃声，所以还被称作"响铃"；同时因为空竹发声孔数的多少有"十响铃""十二响铃（简称十二铃）""十四响铃（简称十四铃）""十六响铃（简称十六铃）"等；有的因声孔较小，发出来的声音像古筝，而称作"空筝"。此外，山西人叫"胡敲"、四川人叫"响簧"、上海人叫"哑铃"、台湾人叫"扯铃"等④。

三、空竹与民俗

（一）庙会与空竹

"庙会，又称庙市，起初主要结合祭祀活动进行。随着社会的发展，严肃的

---

① 张艳荣. 空竹的历史演进及其在当代发展的思考 [J]. 体育文化导刊, 2017 (6).
② 刘侗, 于奕正. 帝京景物略 [M]. 孙小力, 校注. 上海：上海古籍出版社, 2001.
③ 韦明铧. 维扬优伶 [M]. 福州：福建人民出版社, 1999.
④ 张登峰. 空竹多样化名称的文化学解析 [J]. 搏击·武术科学, 2007 (6).

祭祀性庙会活动开始改变，逐渐增加了商贾贸易的经济功能，以至于发展成为人们物质生活和精神文化生活的一个重要组成部分，逐渐发展成为贸易、物质交流的主要场所。由于庙会期间人流众多，气氛热闹，各种娱乐活动也应运而生。"①"庙会期间，上到达官贵人，下至凡夫俗子，都到庙会来游玩，寻觅古籍、赏鉴书画，辨别古器等等；此外，形形色色的耍货，如空竹、琉璃喇叭、大糖葫芦、风筝等尤具特色，正月逛街者，都要买一两件而归。"②《朝市丛载》收录的《厂甸正月竹枝词》12首中有："狗熊傀儡互喧闹，汗粉淋漓跑旱船，抖起空竹入云表，千人仰面站沟沿。""空竹，每逢庙集，以绳抖响，抛起数丈之高，仍以绳承接，演习各样身段。"就描述了空竹在庙会中的热闹场景。庙会是民俗表演最集中的地方，空竹表演能有此盛况足以说明空竹的影响力。

（二）杂技与空竹

中国杂技是世界上最古老的表演艺术之一，是灿烂悠久的中国传统文化的重要组成部分，也是中国国粹艺术中最具活力、最贴近民众的一种艺术形式。空竹是我国杂技的重要组成部分，曾经一度在世界各种顶尖杂技比赛中取得优异成绩，并在国外进行访问交流与商业演出，向全世界传播中国传统文化。在我国非物质文化遗产的类别中，把空竹列为杂技与竞技项目。

空竹从清末开始登上杂技舞台。1950年，文化部在全国招募一批顶尖民间杂技艺人，组建了第一个国家杂技团——中华杂技团，分别在波兰的"第六届国际杂技会演"和苏联的"第六届世界青年与学生和平友谊联欢节杂技比赛"中获得银奖，第一次向世界展示了中国空竹。20世纪80年代中国杂技团的《双舞空竹》进行了形式上的创新，给了空竹创作一个崭新的概念，并且获得了在第十一届世界杂技马戏锦标赛"杂耍项目"的冠军。

20世纪90年代，由北京杂技团王桂琴教授、罗伟编排的《玩空竹的小妞妞》使整个杂技界又掀起了一阵轰动，曾荣获第九届法国巴黎"明日未来"马戏杂技节金奖，让世界对中国杂技刮目相看；王桂琴的《花旦—空竹》在法国举办的2005年第29届法国巴黎明日杂技马戏节获得全世界杂技的最高奖项"法兰西共和国总统奖"③。空竹的杂技化使得空竹运动走出国门传播海外，使得空竹运动创新出了更多玩法和形式，是空竹运动的一次跨越式的发展，使空竹从民

---

① 闫猛. 当代空竹运动兴起与发展研究 [D]. 山东：山东体育学院，2012.
② 张登峰. 空竹的体育文化价值 [J]. 体育文化导刊，2008 (11).
③ 傅起凤. 中国国粹艺术读本—杂技 [M]. 北京：中国文联出版社，2008：144-148.

间杂耍转变成了舞台艺术。

四、空竹的国际传播

1628 年，空竹由中国传入日本。古河三树的《图说庶民芸能——江户的见世物》记载：在江户时代，那时游戏者的服装都很正式，头戴帽子，两手握着空竹木杆，主要以双轮空竹为主。韩国朝鲜时代长竿游戏表演图画（17、18 世纪）里面同样有空竹游戏，也是从中国传入的[①]。空竹在 18 世纪传入了欧洲，变成了一种时髦的运动，被英国人称为"两根棍子上舞动的精灵"（图 5-11）。法国人也非常喜欢，曾经在各地成立空竹俱乐部，办理空竹比赛。起初在欧洲空竹被命名为"Diaballo"，此名由希腊字根 dia（横越、交叉）与 ballo（抛、丢）组合而来，现今则被称为"Diabolo"或"Chinese-Yo-Yo"。1960 年，法国人 Gustave-Phillipart 做出由两个金属杯合成的空竹，周围用旧轮胎切下的橡皮包裹着，西方空竹由此而来。直到第一次世界大战时，空竹的热潮才渐渐衰退[②]。

图 5-11　18 世纪欧洲时髦的空竹运动

马来西亚的空竹源自中国台湾省。毕业于师范大学的冯亚平觉得扯铃运动是取代不良活动的最佳方案。回到马来西亚后，为了帮助学生远离不良生活习惯，让他们的身心获得健康，发起创办了"马来西亚民俗体育中心"，在学校设立扯铃队，推广扯铃活动，得到华社的大力支持，使具有"中华文化"标签的空竹

---

① 韩男洙. 都市生活变迁中的空竹游戏 [D]. 北京：北京师范大学，2010.
② 杨政宗，蔡景昌. 扯铃 123 [M]. 台南：翰林出版事业股份有限公司，2001.

文化在马来西亚得到传播。但马来西亚扯铃文化发展尚没有完善的制度和推展方案，至今还处于推广期与发展期，还未完全散播到马来西亚的所有州属①。

目前，国际杂技协会（International Juggler's Association）与世界杂技联盟（World Juggling Federation）每年举办的杂技比赛项目中均有 Diabolo 这个项目。国内的吴桥国际杂技艺术节和湖北武汉世界杂技节也设有空竹这个项目。

五、空竹的发展特点

空竹运动，作为历史悠久，具有民族独特文化的"游戏"，可谓与之潮流早已接轨，并蓬勃发展。发展之中，观其变化，已形成自身的发展特点。

（一）目的"健身化"

20 世纪 90 年代中期，随着我国社会经济的发展，人民的休闲健身需求也开始不断增加。全民健身运动的深入开展，促进了百姓体育健身意识的提高和运动健身的参与，民间很长时间较少开展的空竹传统游戏开始"复苏"，并以娱乐健身活动的方式悄然回归到百姓生活当中，尤其是北京、天津、上海、洛阳、开封、保定、成都等一些具有空竹文化传统的城市，空竹活动发展比较迅速。在这一时期，空竹的技法以及空竹的制作工艺都出现了许多创新和发展。2006 年空竹"申遗"成功更是让空竹得到了国家的支持与保护，使得空竹兴起之势愈来愈强。"2007 年央视春节联欢晚会上《俏花旦——集体空竹》的精彩表演，以及 2008 年北京奥运会，更是把群众性的空竹运动推向了一个新的高潮，有不少地方开始举办空竹邀请赛或空竹艺术节等活动。"②

因此，空竹伴随社会经济的快速发展而发展，在其发展历程中，将"全民健身"和"健康中国"战略作为导向，成功展拓其休闲健身功能；使之"健身"目的更具明显化。

（二）发展"城市化"

"我国空竹运动近年来的发展，表现出明显的'城市化'发展特征"③，空竹

---

① 林子微. 初探马来西亚扯铃发展概况 [D]. 吉隆坡：马来西亚拉曼大学中华研究院，2016.
② 张基振. 当代空竹运动的发展特点 [J]. 山东体育学院学报，2011，27（4）：31-35.
③ 乔南海. 沈阳市空竹运动开展现状分析及对策探究 [D]. 沈阳：沈阳体育学院，2013.

运动主要开展于城市社区,而农村社区较为鲜见,其原因如下:

第一,空竹运动的历史传统。历史上空竹是城市节日民俗文化的内容之一,一直与城市文化紧密联系在一起,在农村地区似乎很难看到它的踪迹。目前的空竹运动的"城市化"的发展特点,应与这个历史传统有关[①]。

第二,城乡体育发展不平衡。我国城市体育优于乡镇及农村体育的发展。虽然在建设新农村文化的背景下,最近几年政府和学术界对乡镇及农村体育的关注颇多,但在文化生态环境因素影响下,乡镇及农村体育的发展速度较为缓慢,包括空竹在内的部分体育项目开展甚少。

故此,空竹的历史传统与发展区域性,映射出空竹运动发展的"城市化"特点。

(三) 参与"老龄化"

空竹运动的参与者在性别比例上差别并不显著,但年龄呈现老龄化态势。据统计,参与空竹运动的人群中,年龄分布在 60 岁左右居多,而中青年人较少参与,呈现"一头"独大的参与态势。故,空竹目前被认为是"老年专属运动项目"。

根据国家统计局发布的 2021 年中国经济数据显示,2021 年我国 60 岁及以上人口超 2.67 亿,占全国人口的 18.9%[②]。按照联合国的统计标准(超过 10%),我国目前已步入老龄化社会。如何使"老龄化"社会,更具"健康化"的特色,让"健康老龄化"更具实质性。空竹运动依据"集娱乐、简便为一体"的民族传统项目特色,颇受老年群体的青睐;至此,当下老年群体已成为推动空竹运动前行的"主旋律"。但若要将空竹运动普及开来,更需"以老带青",使空竹运动"年轻化",方能拓宽空竹运动的参与面。

(四) 赛会"规模化"

"以健身为目的,就城市而开展,引老年群体参与",空竹发展特点使得空竹运动蓬勃推广。作为空竹赛会,更是具有"活广告"的推广力度。谓之"空竹赛会",构建了"切磋空竹之技艺、交流空竹之心得、共享空竹之文化"的盛会。如此盛会,其规模逐渐扩大化。

---

① 张基振. 当代空竹运动的发展特点 [J]. 山东体育学院学报,2011,27 (4):31-35.
② 国家统计局: 2021 年国民经济持续恢复 发展预期目标较好完成 [EB/OL]. [2022-01-17]. http://www.stats.gov.cn/tjsj/zxfb/202201/t20220117_1826404.html.

自 2005 年河南开封首届空竹大赛起，全国各地"空竹赛会"呈现"此起彼伏"之势，为空竹运动的普及与宣传描绘崭新的画卷。在空竹运动发展中，"赛会"规模化，将空竹之声传播而开，使空竹之技传承而来，展空竹之美吸引众观，谱空竹之文更具时尚。

六、空竹的运动特点

（一）旋转走圆，随势而为

"旋转走圆"，体现空竹的运动"线势"，即运转路线与方向。空竹在运动过程中，绕轴旋转，手提手送，旋而不缠，圆转自如，故而空竹运动被称为旋转的艺术。"随势而为"，体现空竹的运动"法势"，即空竹转法与习练者身法皆在变易之中。空竹属于"全身性、技巧性"的运动，其动作体系颇为复杂。诸如，练习空竹时，有"提、拉、抖、盘、抛、接"等上肢动作；有"走、跳、绕、骗、落、蹬"等下肢动作；也有"俯、仰、转"等头部动作；更有"瞄、追"之眼法和"扭、随"之腰法；诸上便要求习练者必须做到反应快、时间准、动作灵敏协调，能够随势而为。因此，空竹可谓"立体、全方位、典型"的全身运动。

（二）博采多元，创意多变

"博采多元"，可指空竹在时代更新中由"一元化"向"多元化"转变。初始的"健身一元性"到如今的"休闲娱乐多元性"，体现空竹技艺的丰富化和文化的内蕴化。"创意多变"，是在"博采多元"基础之上，适应新时代发展，其运动创意层出不穷。诸如，个人习练、两人互动、多人参与等运动练习形式，通过个人和团队的创意，创造出更多的新颖技巧花样，并予以配乐，加之服装与道具，结合舞蹈、武术、体操等形体动作变化，实现了体育与艺术的完美结合。

（三）简便易行，适应面广

"简便易行，适应面广"，体现了空竹的"喜闻乐见"之貌。近年来，空竹运动成为全民健身的新宠，究其原因，包含四点。其一，国家高度重视全民健身运动。国家自上而下的政策导向，是促进空竹发展的关键；其二，健身效果明显，运动量可控，男女老幼皆宜、体弱体强均可；其三，观赏价值高，空竹动作、器械优美，是人与器械的完美结合，具有喜庆祥和的表现力，通过空竹达到娱人娱心的目的；最后，空竹运动便于开展，器材简单、便于携带，不受场地、时间、参与人数限制等特点。诸上四点，使得空竹之势愈益强大。

七、空竹运动的价值

（一）健身价值

空竹，是民族传统体育活动。究其价值，健身价值当属第一层。"流水不腐，户枢不蠹"，空竹抖动，运动之貌正是如此，也说明了空竹运动的健身价值所在。观其空竹运动之态，常有"拽拉抖动，绳索翻花"之形。其中"拽拉抖动"，印证了运动须全身参与，有活动诸关节之用，经常练习，可提高身体协调性；"绳索翻花"，则凸显了空竹运动的姿态多样，若有花法，可活跃大脑，有锻炼神经系统之效，坚持练习，可进一步改善和提升内脏器系功能。

（二）表演与娱乐价值

空竹，是民俗活动之一。究其价值，表演与娱乐价值乃属第二层。"作为人类游戏与超越的本性产生的杂技艺术，杂、险、奇、谐是其传统审美的核心。"[①] 空竹是百戏之一，具有杂技的特色；"空竹之声，声声入耳"，展现了空竹的魅力所在，彰显了其表演价值。空竹的娱乐价值，体现在"自娱和娱人"两方面。"自娱"，若参与空竹演练，在空竹的"扯拉抖动，旋转自如"之中，切身体会空竹带来的娱身娱心之感；"娱人"便从上述的表演价值得到双重体现。

（三）教育人文价值

空竹，乃当代"新"民族传统体育项目。究其价值，教育人文价值乃属第三层。

---

① 刘峻骧，杨爱伦. 中国杂技史 [M]. 北京：文化艺术出版社，1998.

空竹的教育价值体现在以下两点。第一，传授空竹的文化知识。通过相关途径对空竹的历史、形制、练法、健身等知识的传授，掌握正确的练习空竹之法，确保科学合理"空竹健身"。第二，以赛会，促规范。通过空竹赛会的举办，在遵守赛会各项规章制度下，规范人的社会行为、价值观念等。

站在民俗的立场上来看，抖空竹是一种公众行为和群众自发行为，在群众中具有认同、沟通和凝聚作用，是个人技能和潜能的外在显现[①]。诚然，通过空竹运动，对空竹文化的认同；言语间、技艺上的沟通交流；达到情感之凝聚。故空竹蕴含的"认同、沟通、凝聚"作用均彰显出人文价值。

第二节 空竹运动的基本技术

一、双轮空竹基本技术

（一）基本技法

1. 启动

将空竹及绳子放在地上，空竹放于绳子上；右手杆逆时针方向绕内侧一圈，使绳子缠绕在空竹轴承上。随后右手发力，使空竹由右向左滚动，再顺势拉起。（图 5 - 12abc）

（a）

（b）

---

① 郝晓蕊. 空竹文化的价值与传承发展研究 [J]. 体育科技文献通报，2011，3.

(c)

图 5-12 启动

2. 调整平衡

空竹在运行的过程中出现空竹偏向某一方向（前方或后方），这时需要往相反方向调整空竹。将右手线靠近空竹碗面较高的一侧，轻微摩擦到空竹碗面，直至将两侧碗面调平。（图 5-13abc）

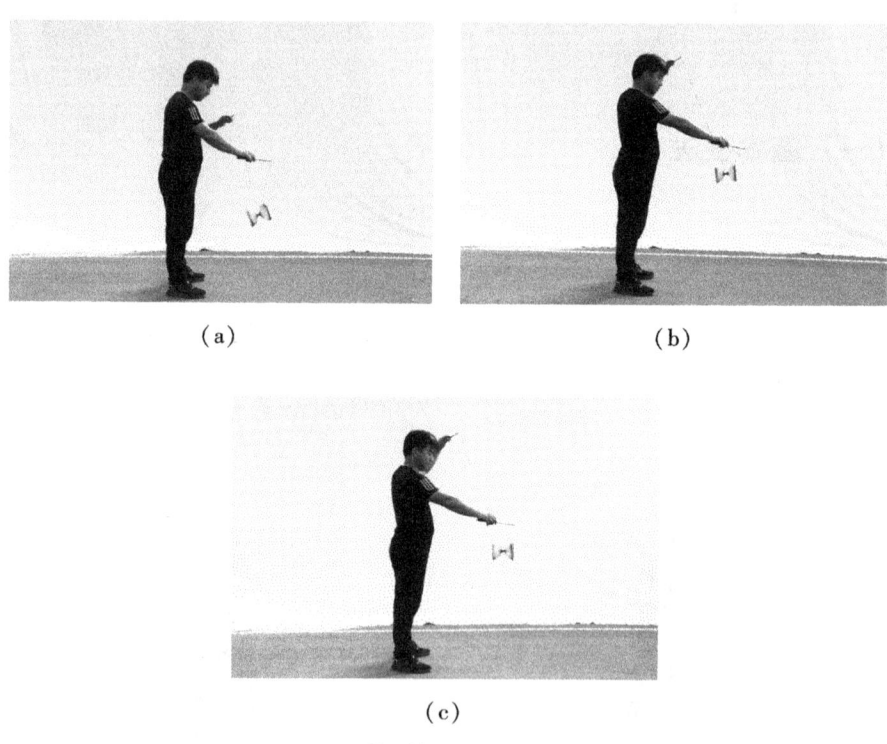

(a)　　　　　　　　　(b)

(c)

图 5-13 调整平衡

3. 加速（水平、纵向、环形）

①水平加速：左手杆提稳空竹，右手发力带动空竹左右水平摆动，循环往复完

成动作。注意在空竹将要到达右边时,右手杆用力左拉;在空竹将要到达左边时,右手杆用力右拉;杆头和空竹运动的过程形成一定的时间差。(图5-14abcd)

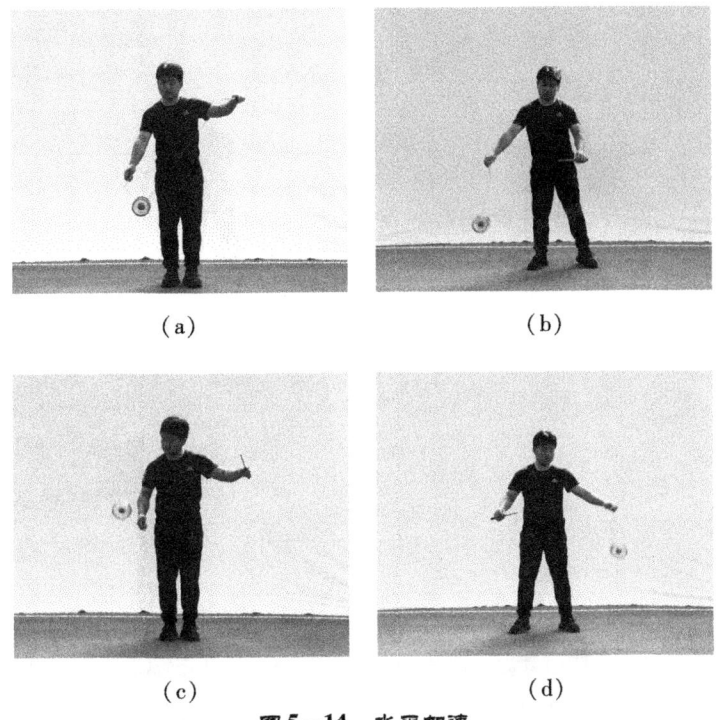

图5-14 水平加速

②纵向加速:让空竹沉在身体右侧,左手杆提高,右手杆放低;右手用力把空竹向上拉,左手杆轻微配合右手杆反方向运动;在空竹将要到达头顶正上方最高点时,右手用力下拉,循环往复完成动作。(图5-15ab)

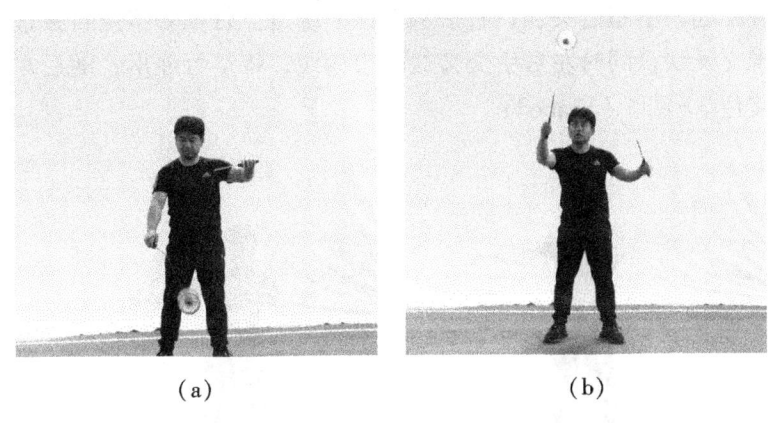

图5-15 纵向加速

③环形加速:先让空竹呈加扣状态放在右下方,右手用力把空竹带到左下

方；随后继续用力把空竹带到左上方，再到右上方；最后回到最初状态，循环往复完成动作。整个过程空竹都在左右两个杆子之间的空间运动。（图5-16abcd）

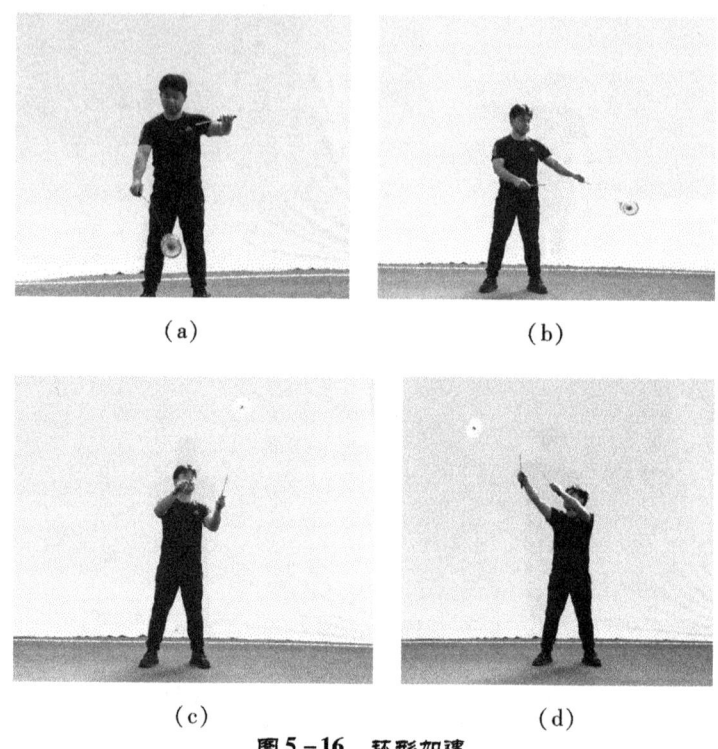

图5-16 环形加速

4. 反抄

启动空竹调整平衡后，解扣（将空竹轴心上的线解开，此动作称为解扣）。将空竹轻轻抛起，不超过头顶；右手从上往下绕过空竹轴心将空竹接住；此时左右手线呈现交叉状，同时左右手交叉往两边绷线，将空竹弹出；随后左右手回复成原状后接住。（图5-17abcd）

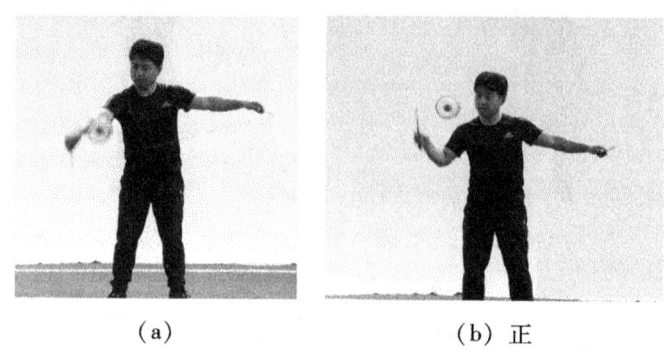

（a）　　　　　　　　（b）正

第五章 空竹运动

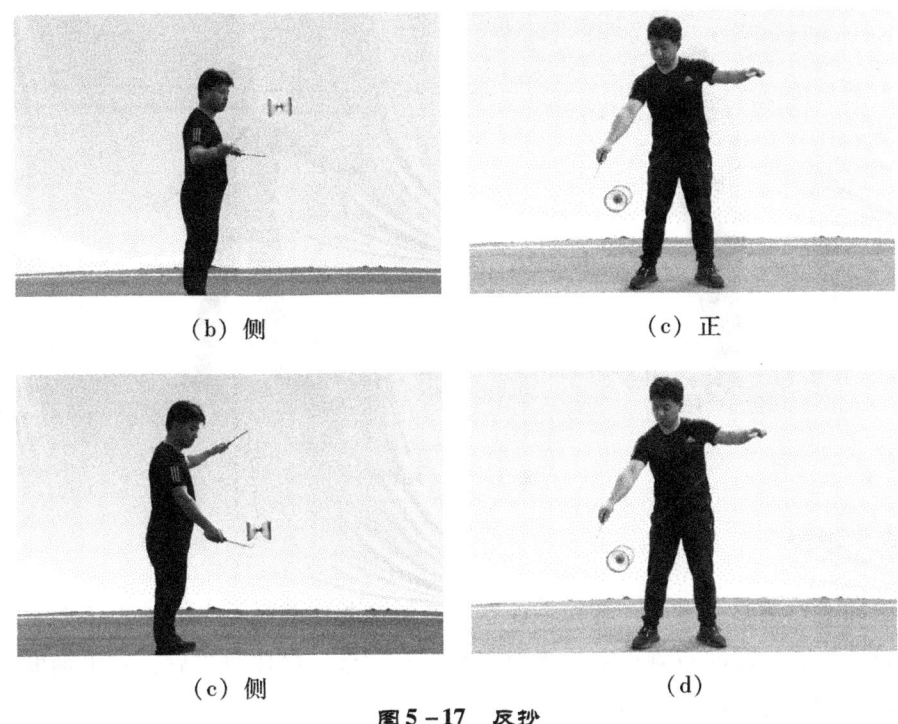

(b) 侧　　　　　　　　　(c) 正

(c) 侧　　　　　　　　　(d)

图 5-17　反抄

5. 正抄

启动空竹调整平衡后，解扣。让空竹靠近右手杆但不触碰到右手杆，线尽量拉平，右手向右上发力将空竹轻轻弹起，空竹在空中的时候，右手杆由空竹的后面往前绕一圈，然后再接住空竹。（图 5-18abc）

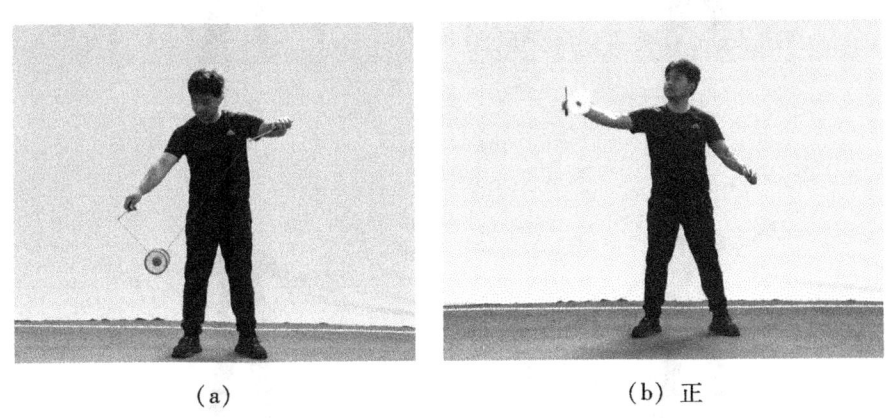

(a)　　　　　　　　　　(b) 正

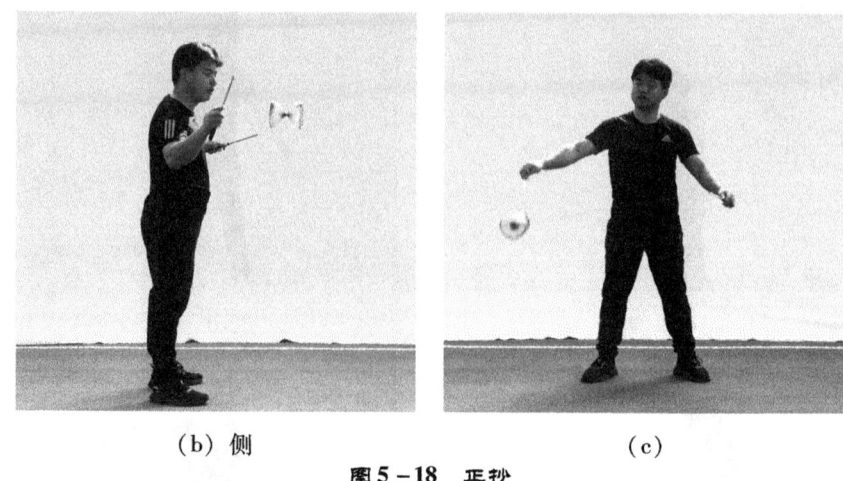

(b) 侧　　　　　　　　　　(c)

图 5-18　正抄

6. 空旋

启动空竹调整平衡后,解扣。让空竹左右荡起,荡到左手时,左手向上发力让空竹离开线,抛向右侧;空竹落点在右手杆附近,接住空竹后,右手辅助向下发力,如此往复。(图5-19abcd)

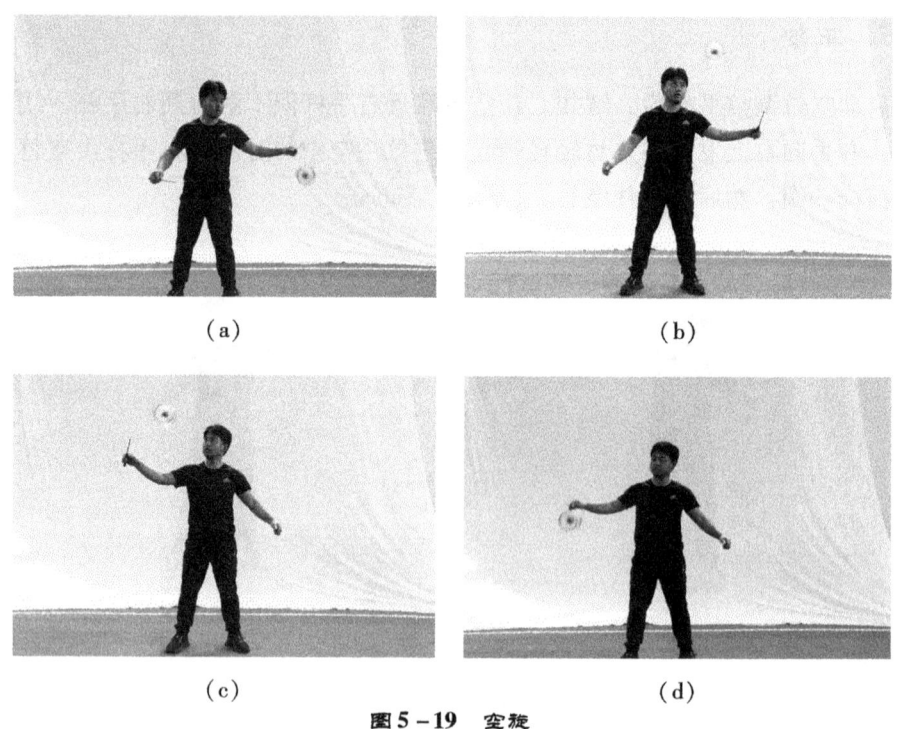

(a)　　　　　　　　　　(b)

(c)　　　　　　　　　　(d)

图 5-19　空旋

7. 绕

启动空竹调整平衡后,解扣。让空竹在中间上下跳动,双杆同时从空竹的右侧包绕到空竹的左侧,为右绕(图5-20abcd)。反之,为左绕。

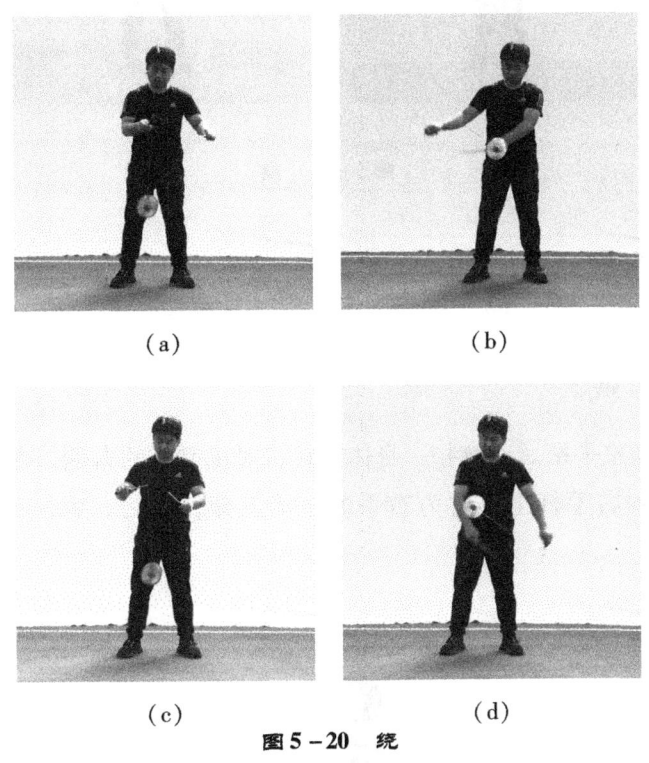

图 5-20 绕

8. 摆

启动空竹调整平衡后,解扣。双手同时用力拉起空竹,使空竹带动线、杆在竖直平面内做圆形摆动。(图5-21abcd)

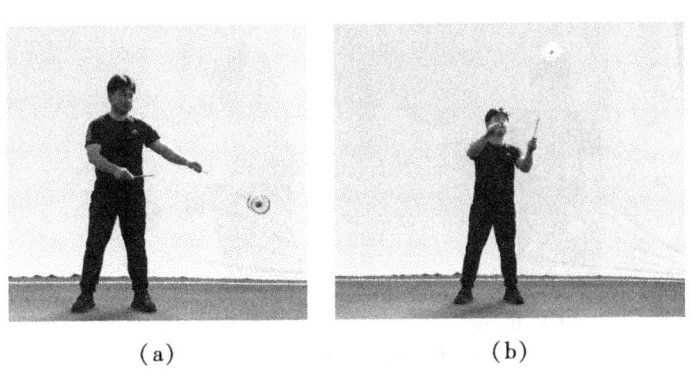

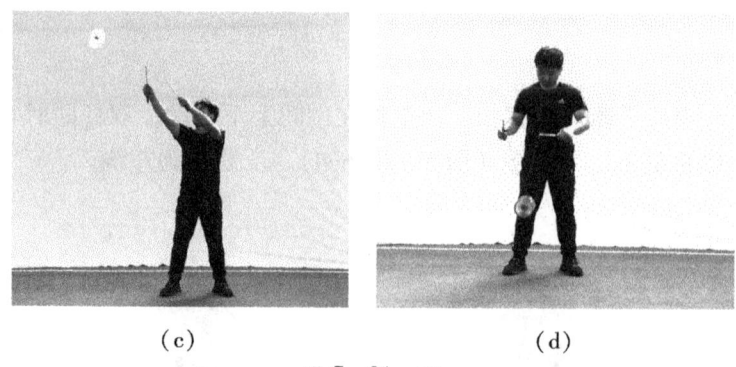

(c)   (d)

图 5-21 摆

（二）初级花式

1. 金鸡上架

启动空竹调整平衡后，解扣。身体左转，对正空竹的右侧，左手向上将线拉直，让空竹滑到右手杆上，此为右手的金鸡上架；反之，为左手的金鸡上架。（图 5-22ab）

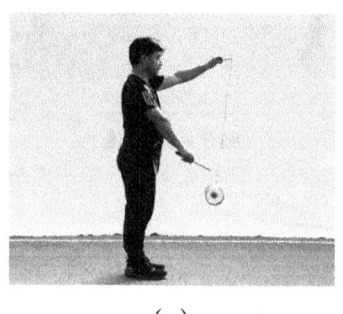

(a)

(b) 正   (b) 侧

图 5-22 金鸡上架

2. 金鸡飞渡

在金鸡上架的基础上将空竹从右杆抛向左杆，再用左杆接住。反之，从左杆抛向右杆，再用右杆接住。循环往复完成动作。（图 5-23ab）

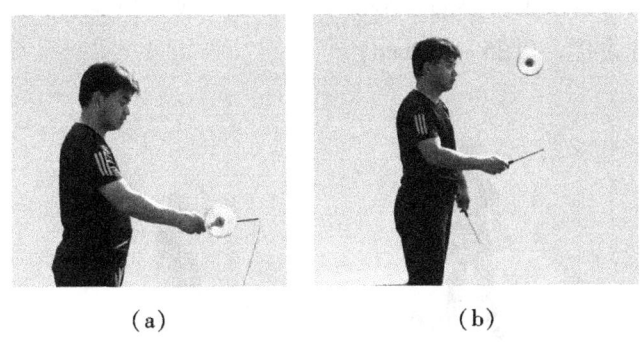

(a)   (b)

图 5-23 金鸡飞渡

3. 望月

启动空竹调整平衡后，解扣。将空竹左右摆动，摆到右手上方用右手杆撑住轴心，左手将线拉紧，此为右望月；反之，为左望月。（图 5-24ab）

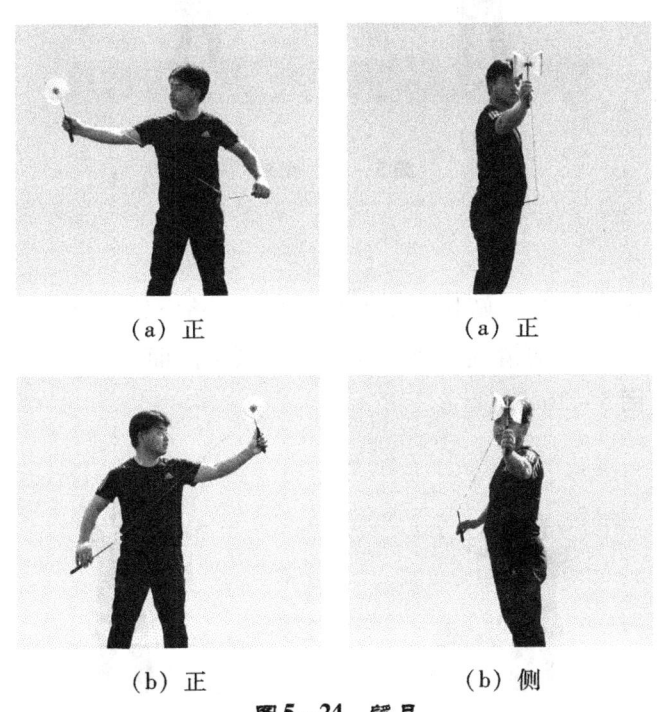

(a) 正   (a) 正

(b) 正   (b) 侧

图 5-24 望月

4. 抛接

启动空竹调整平衡后,解扣。双手向左右两边发力紧绷抖线,将空竹弹起。接空竹时,右手高举,左手放低把线拉紧,用右手杆头瞄准空竹的轴心,让空竹落到靠近右手端的抖线上,然后顺势滑下来,呈开线亮相姿态。在某些特定情况下也会用左手杆去接。(图5-25abcd)

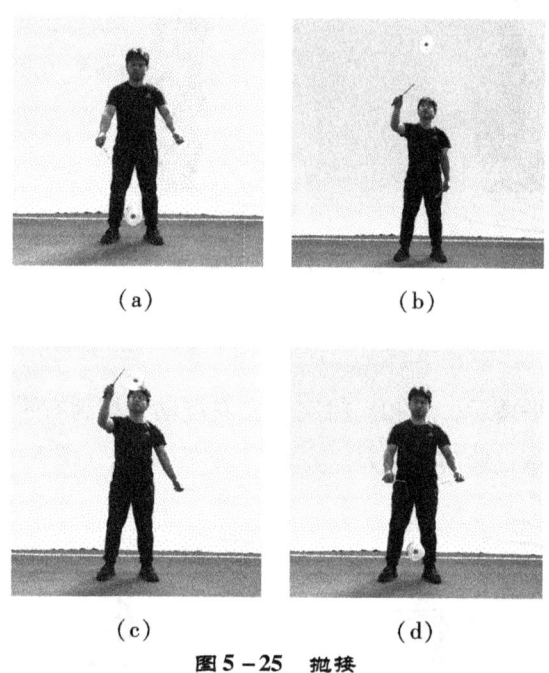

图 5-25 抛接

5. 过桥

启动空竹调整平衡后,解扣。双手绷紧抖线,将空竹移至左肩上方,向后移动,让空竹停在左肩,再滑到身体右侧,随后摆至前面,将空竹向右摆动一圈,呈开线状态。(图 5-26abcd)

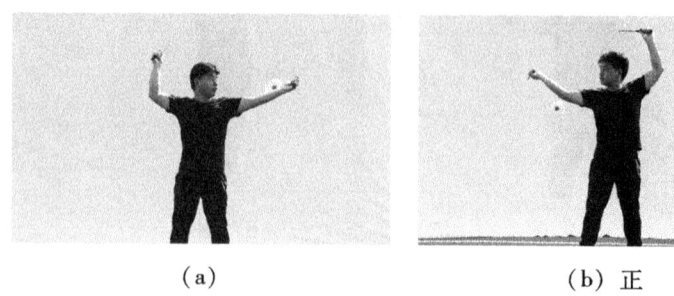

(a)　　　　　　　　　　(b) 正

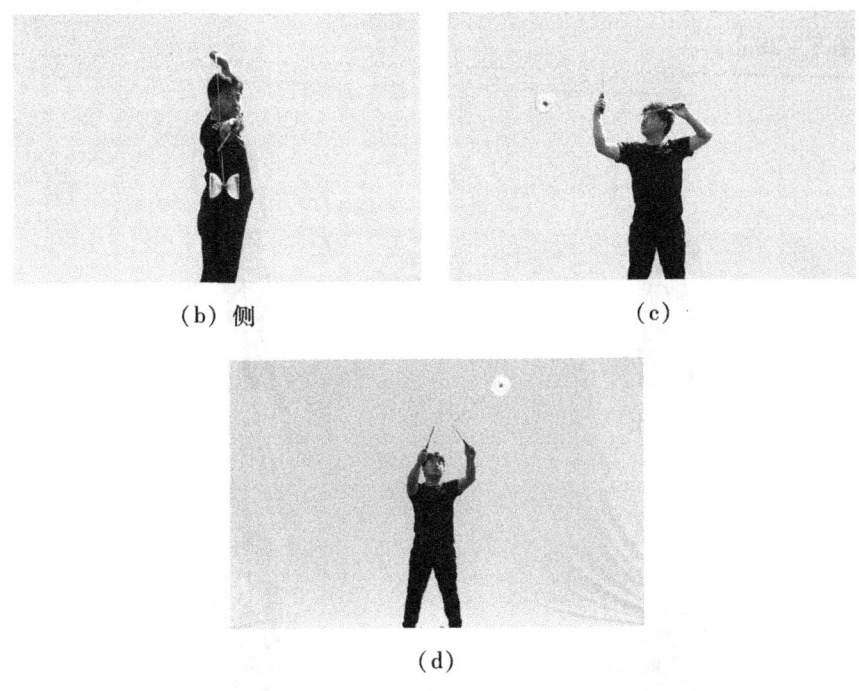

(b) 侧　　　　　　　　　(c)

(d)

图 5-26　过桥

6. 猴子翻跟斗

启动空竹调整平衡后,解扣。身体左转,对正空竹的右侧,右手杆线从左手杆线内侧向外侧逆时针绕一圈,兜住空竹。左手用力,逆时针抛出空竹,完成动作,为左猴子翻跟斗(图 5-27ab)。反之,为右猴子翻跟斗。

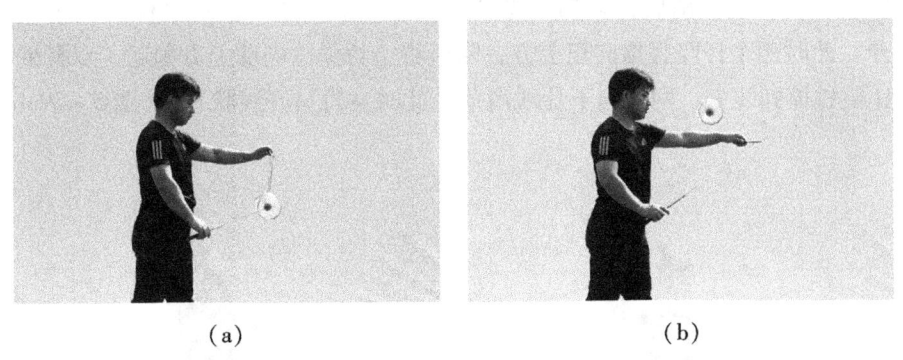

(a)　　　　　　　　　(b)

图 5-27　猴子翻跟斗

7. 蜻蜓点水

启动空竹调整平衡后,解扣。左手高、右手低。右手杆向左压在左侧抖线

上。空竹以右杆为轴心逆时针摆动，落在左侧抖线上，完成动作，为右蜻蜓点水。（图5-28ab）

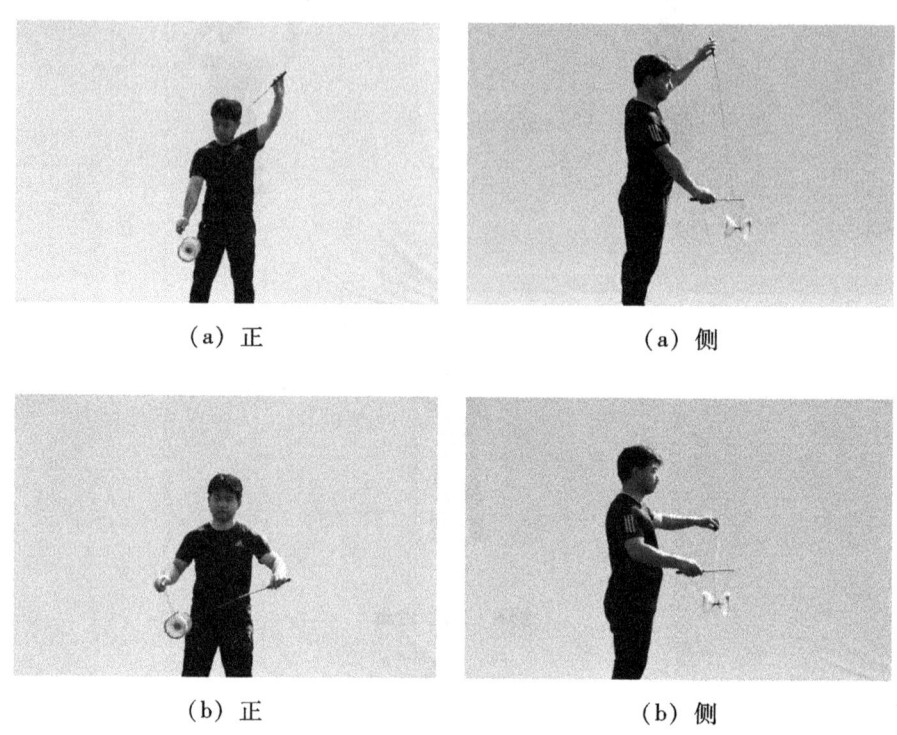

图5-28 蜻蜓点水

8. 蜘蛛结网

启动空竹调整平衡后，解扣。先做右蜻蜓点水，然后，左手杆将右手线圈向左撑开。此时两个杆竖直指向正上方，随后将空竹微微向前上方抛起，双杆的姿势不变让空竹掉到线上，两杆向下让线滑落，此时空竹呈开线状态。（图5-29ab）

图5-29 蜘蛛结网

9. 魔术扣

启动空竹调整平衡后，解扣。身体左转，对正空竹的右侧，右手高、左手低。手杆线从左杆内侧向外逆时针绕一圈，兜住空竹。然后，顺势右手杆线从左杆外侧向内侧顺时针绕两圈，兜住空竹。最后，左手握双杆，右手拿住空竹，使杆线和空竹分享，完成动作。（图5-30abcdef）

图5-30 魔术扣

（三）进阶花式

1. 绕腿

启动空竹调整平衡后，解扣。先将空竹左右摆动，摆到左边的时候，右脚跨过抖线，包绕腿部，双手做环形抛接动作，完成动作后，将空竹停住，把脚收回，为右绕腿。反之为左绕腿。（图 5 – 31abcd）

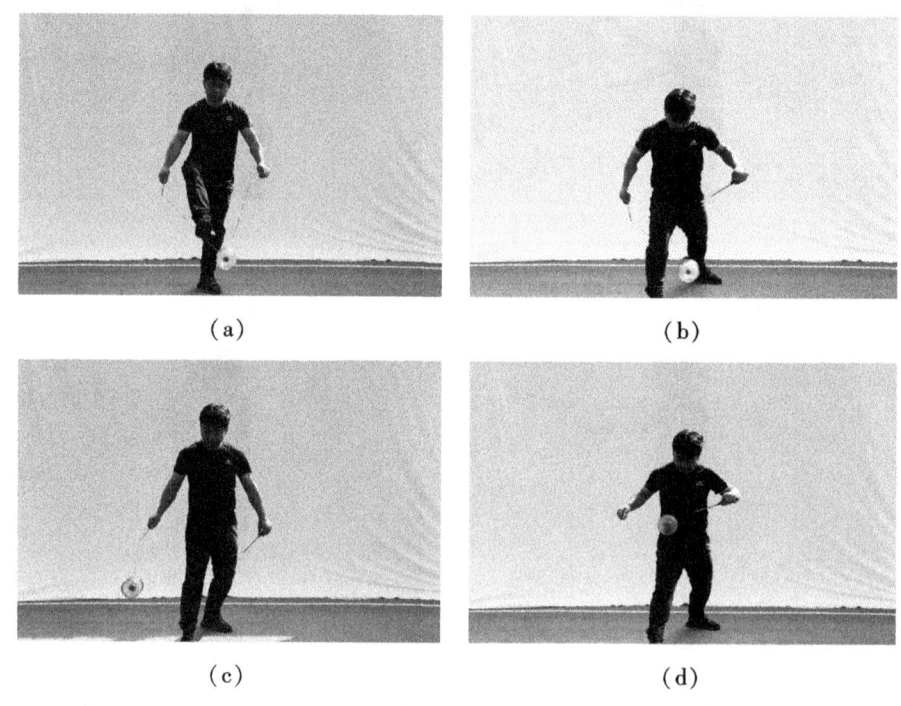

图 5 – 31　绕腿

2. 抛高跳绳

在抛起空竹的基础上，用杆线做跳绳动作，然后接空竹。（图 5 – 32abcd）

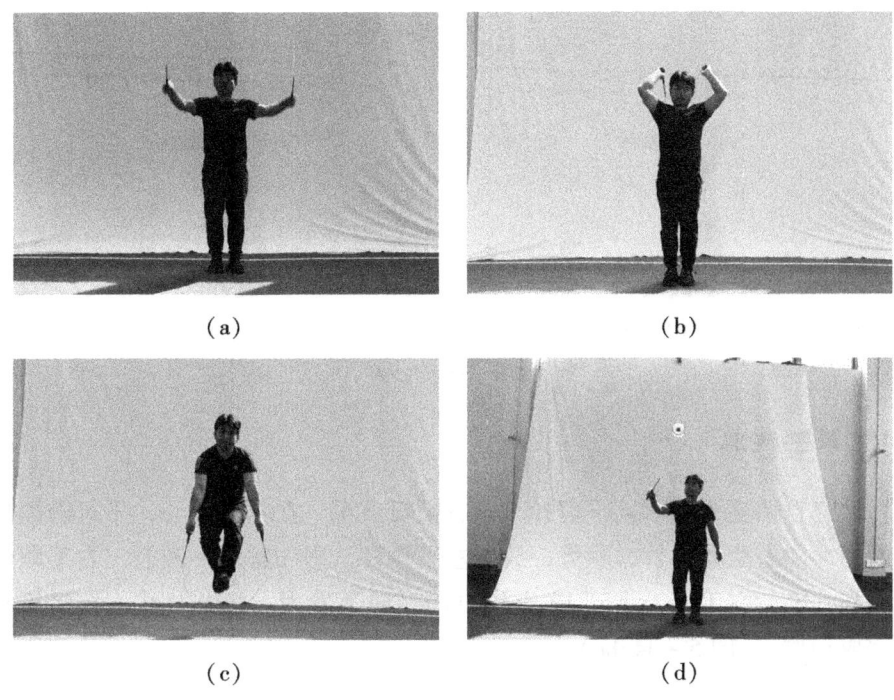

图 5-32 抛高跳绳

3. 绕手

启动空竹调整平衡后,解扣。右手线搭在右手外侧,右手杆、右手臂与右手线围成等边三角形。左手提高,向右侧方发力,提起空竹,右手线接住空竹,如此往复为右绕手。反之,为左绕手。(图 5-33abcd)

　　（c）　　　　　　　　　　（d）

图 5-33　绕手

4. 单手旋风

　　启动空竹调整平衡后，不解扣。做右蜻蜓点水，在垂直轴心，平行碗面的竖直平面内，向右摆动空竹，顺势，放掉左手抖杆。当扣解到一圈时，右手顺势逆时针加扣，随后右手在 1 点到 12 点钟方向，向上发力。提起抖线，右手反复动作，完成动作。（图 5-34abc）

　　（a）　　　　　　　　　　（b）

（c）

图 5-34　单手旋风

5. 内回旋

启动空竹调整平衡后,解扣。摆动空竹,让其在右手内侧,左手外侧逆时针转动,循环往复完成动作。(图 5 - 35ab)

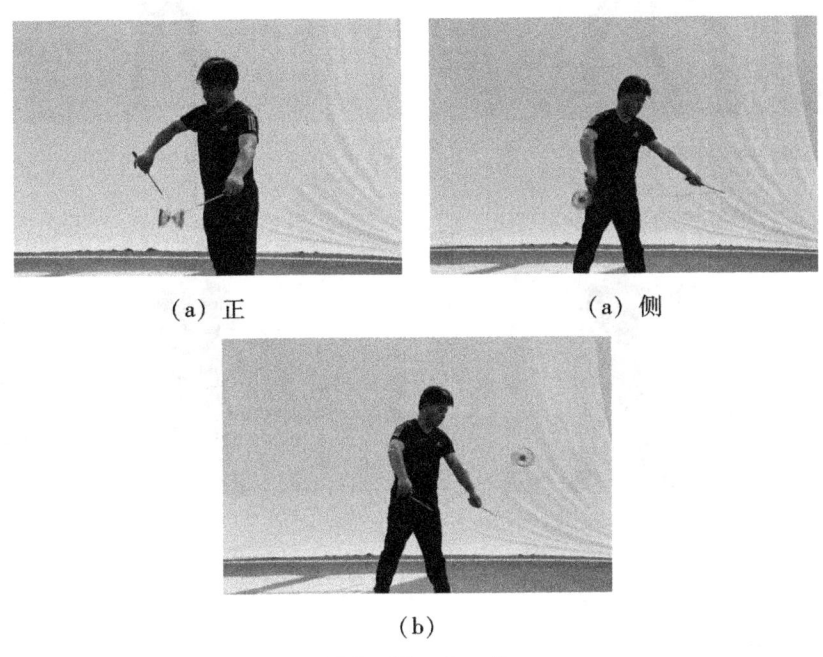

(a) 正　　　　(a) 侧

(b)

图 5 - 35　内回旋

二、单轮空竹基本技术

(一) 基本技法

1. 启动 (地面启动法)

将空竹的轴尖向上放于身体右前的地面上,用右手杆头 20 厘米处的抖线,在空竹轴的线槽处顺时针绕缠两圈。两手用力向外撑(左手高右手低)将空竹拎起,右手轻轻上提,左手慢慢放松抖线,空竹沿抖线向左手杆头缓慢滚动。左手杆头逐渐放低,使右手抖线从轴尖处滑脱一圈,形成左外右内的交叉状。右手缓缓向上拉起,左手配合下送,身体随着空竹运动方向缓慢转身,始终保持身体正对空竹轴尖部分。左右手做打鼓状,保持空竹的正常运行。(图 5 - 36abcd)

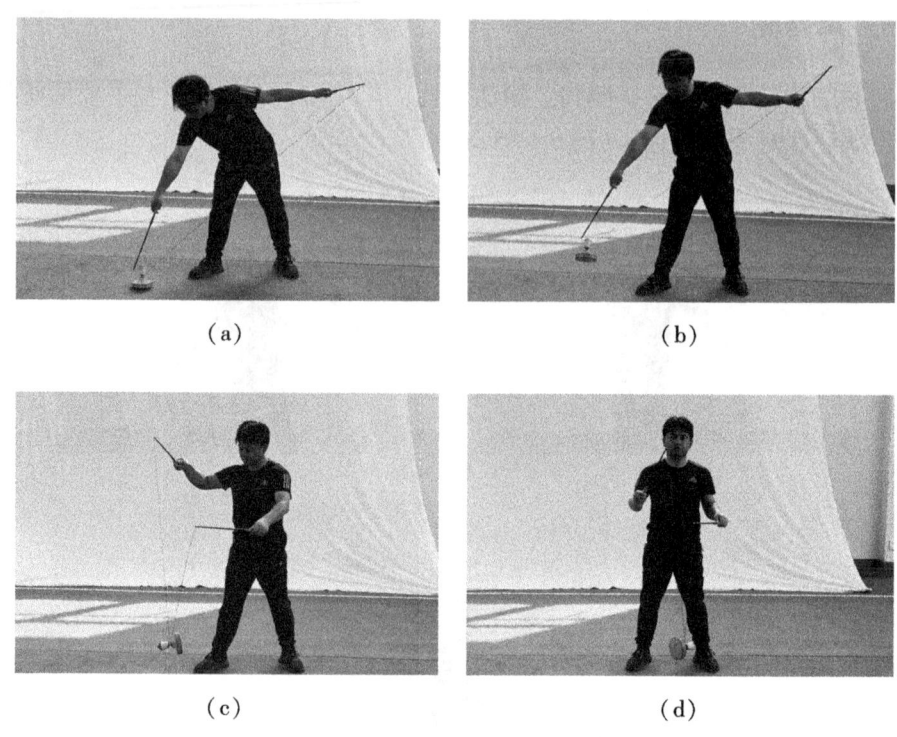

图 5-36 启动（地面启动法）

2. 调整平衡

当空竹出现一头低一头高的情况时，需要调整空竹的平衡来维持空竹的正常运行，通常情况下，调整平衡用右手。当空竹的发音轮高于轴尖部分时，右手向正对发音轮的 10 至 12 点钟方向发力，将发音轮压到平衡位置。反之，出现轴尖部分高于发音轮时，右手向正对轴尖的 12 至 2 点钟方向发力，将轴尖压到平衡位置。（图 5-37）

正　　　　　　　　　侧

图 5-37 调整平衡

3. 加速（提拉抖法）

启动空竹后，将空竹调整到右手杆头抖线的 30~40 厘米处，悬停于右腿膝关节的斜前方。右手带动空竹向右斜上方提起，左手微微拉紧抖线被动向右手方向跟随。待空竹快要回落时，左手以肩为轴屈臂主动回拉抖线，右手微松抖线主动跟随下落，使空竹回到原始位置，随后，两手微微拉紧抖线，为下一周期的提拉加速做好准备。身体与空竹运行路线约成 30°夹角。（图 5-38ab）

(a)   (b)

图 5-38 加速（提拉抖法）

4. 加扣与退扣

启动空竹后，保持身体正对轴尖。将左手的抖杆横于胸前，杆尖微向内，右手抖杆垂直对正空竹的发音轮。将左手的抖杆高高提起，使空竹滑行到右手杆前，两手呈顶天立地状。右手杆尖带动抖线绕轴尖顺时针包绕线槽为加扣。将右手的抖杆高高提起，左手抖杆缓缓下落，使空竹滑行到左手杆前，两手呈顶天立地状。左手杆带动抖线从发音轮外侧顺时针将抖线退出线槽为退扣。反之，也可做左手加扣，右手退扣。（图 5-39abc）

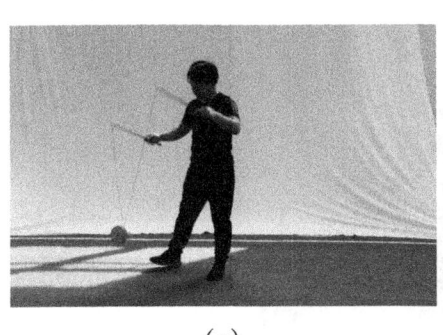 

(a)   (b)

(c)

图 5-39 加扣与退扣

（二）初级花式

1. 加速（鲁班拉锯）

启动空竹，保持身体正对轴尖。将左手的抖杆横于胸前，右手抖杆垂直对正空竹的线槽。右手臂外旋带动空竹平行身体向左水平摆动，在空竹还未到达左摆的极限位置时，右手内旋带动空竹平行向右水平摆动，在空竹还未到达右摆的极限位置时，右手外旋带动空竹平行向左水平摆动，如此往复，就能快速提高空竹的转速，使其达到稳定状态。（图 5-40abc）

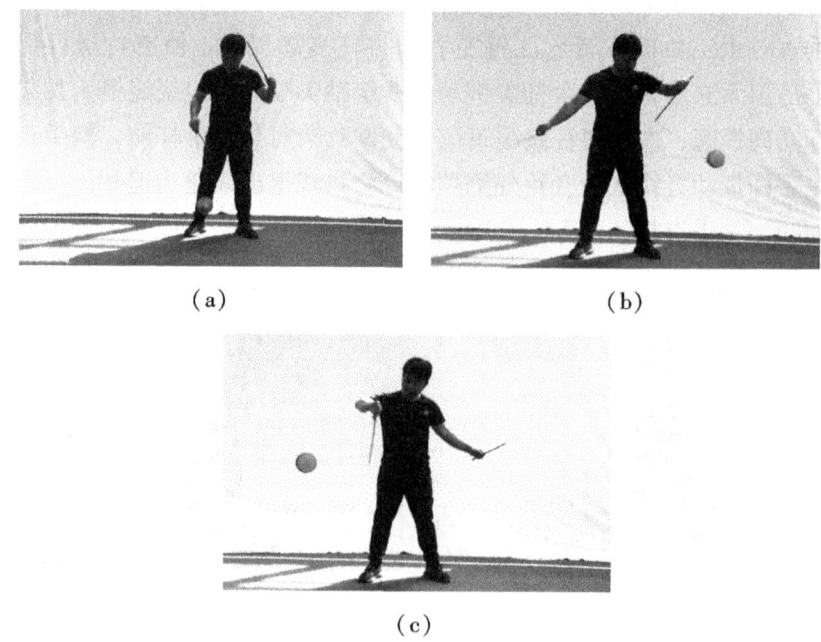

图 5-40 加速（鲁班拉锯）

2. 拉月

加速空竹达到稳态后，调整抖线处于开口状态，使空竹悬停于左腿膝关节外侧，保持左手低右手高，空竹轴尖朝向身后，身体与发音轮平行。右手向上向右拉动空竹，使空竹沿抖线从左杆头向右杆头滑出一个饱满的上弧，同时右腿向右手拉动方向上一大步。（图 5 - 41abc）

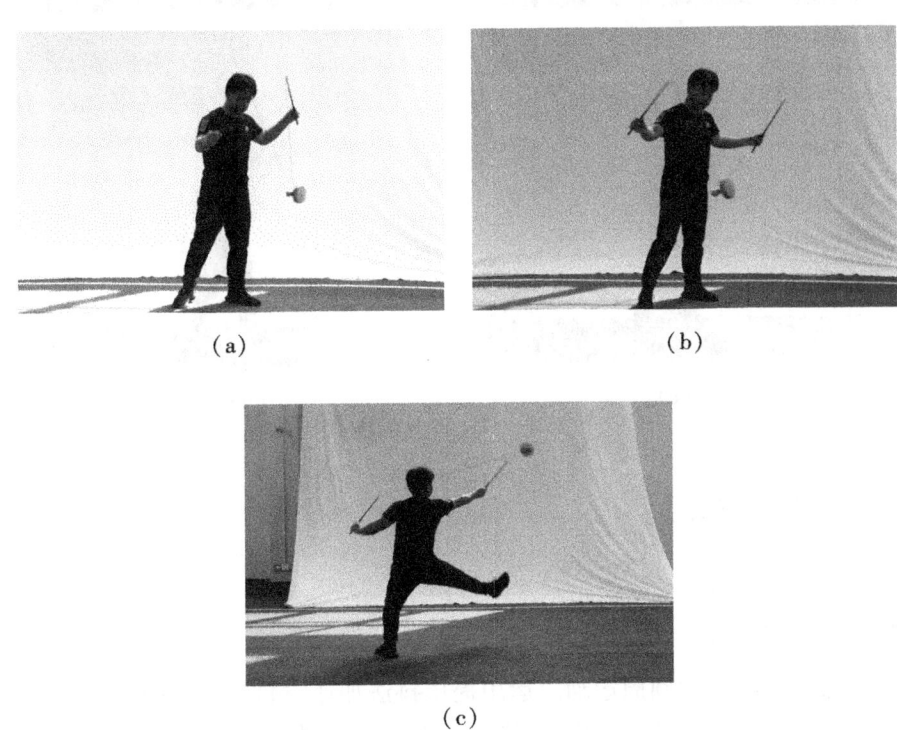

图 5 - 41 拉月

3. 狮子摇头

运用提拉抖法加速空竹达到稳态后，身体左转，顺左手回拉，右手定位在头顶上方，左手以左肩为圆心带空竹在身体左侧画圆，当左手摆到头顶上方时，固定左手，身体右转，右手以右肩为圆心带空竹在身体右侧画圆。左右往复完成动作。（图 5 - 42abcd）

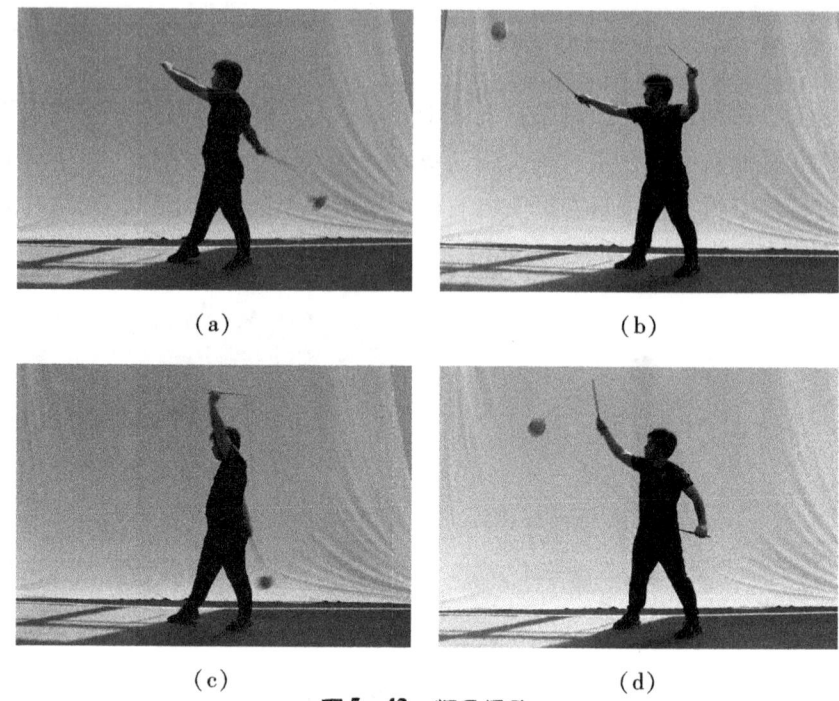

图 5-42 狮子摇头

（三）进阶花式

1. 正平盘丝

正平盘丝是纵向的圆周运动。运用提拉抖法加速空竹达到稳态后，顺左手回拉，身体左转与空竹轴尖保持正对状态，左杆与身体和发音轮平行，杆尖微向内。右手先向左下发力带动空竹，随即向上、向右提拉空竹，同时左手向发音轮方向作退扣动作。尔后，空竹从左向右沿抖线滑行。当空竹滑到右杆尖处时，右手在轴尖方向作加扣动作，为下一周期的盘丝动作做好准备。（图 5-43abcd）

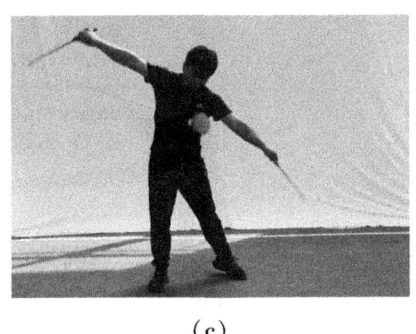 

（c） （d）

图 5-43　正平盘丝

2. 反平盘丝

反平盘丝与正平盘丝的动作大同小异。区别在于，反平盘丝是右手在发音轮方向作加扣动作，左手在轴尖方向作退扣动作。（图 5-44ab）

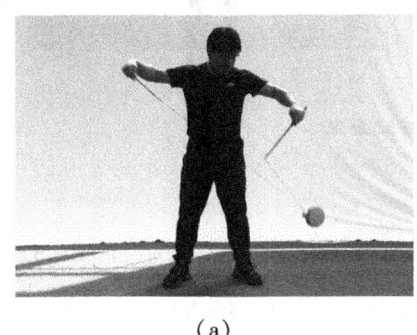 

（a） （b）

图 5-44　反平盘丝

3. 正立盘丝

正立盘丝是横向的圆周运动。运用提拉抖法加速空竹达到稳态后，顺左手回拉绷紧抖线，右手杆尖抵住空竹线槽，使空竹轴尖在右小腿侧正对身后，保持左手高右手低的状态。随即，向左持续转身，并缓慢抬高右手至两杆成水平状态，利用旋转产生的离心力使空竹达到轴尖向下的稳态。右手向左水平方向发力，使空竹沿抖线向左滑行，当空竹滑行到左手杆尖时，左手在发音轮方向作退扣动作。随即，绷紧抖线，使空竹沿抖线向右滑行。当空竹滑行到右手杆尖时，右手在轴尖方向作加扣动作，为下一周期的盘丝动作做好准备。（图 5-45abcd）

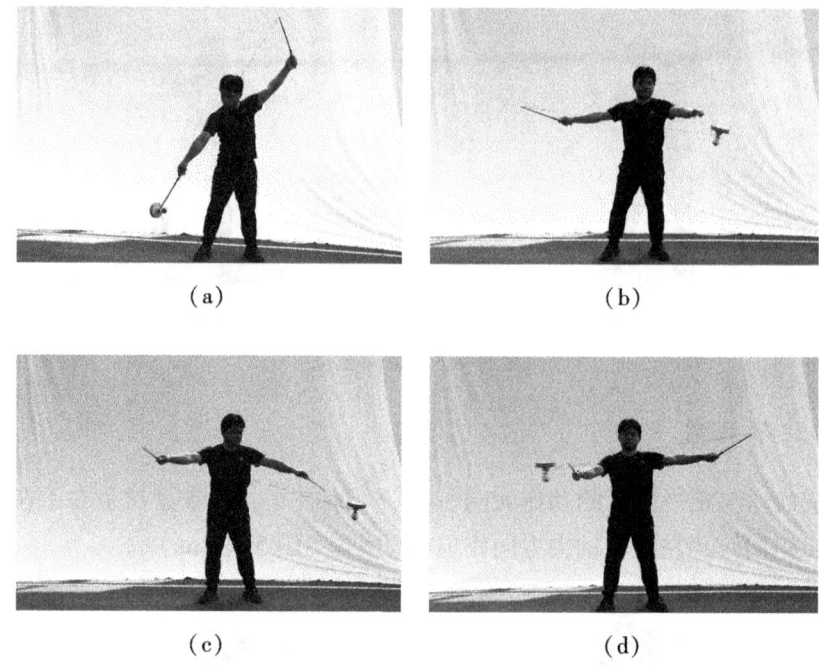

图 5-45 正立盘丝

4. 反立盘丝

反立盘丝与正立盘丝的动作大同小异。区别在于，反立盘丝是右手在发音轮方向作加扣动作，左手在轴尖方向作退扣动作。（图 5-46ab）

图 5-46 反立盘丝

第三节 空竹运动的教学与训练

一、空竹运动教学的原则与特点

空竹运动的教学主要涉及教学原则和特点、教学阶段和教学步骤、教学方法及其运用等内容。科学地制订并实施教学计划，系统地掌握空竹运动的基本知识和技能，不断提高空竹抖技造诣的深度和广度，培育各种优良的道德品质，并创造优异成绩。

空竹运动的教学原则基本遵循一般体育教学的原则，结合空竹运动教学的一般规律，从实际出发而形成的有以下五点：

①教师主导性与学生主动性相结合的原则；
②观察与思考相结合的原则；
③系统性与专题教学相结合的原则；
④严格要求与区别对待相结合的原则；
⑤巩固提高与训练相结合的原则。

在上述教学原则下，还应进一步发挥教师的积极性和灵活性，使教学过程生动活泼，富有时代和民族特色。教学过程还须注意空竹运动教学的基本特点，概括如下：

①以双轮空竹教学作为入门基础，逐渐过渡到单轮空竹的教学活动中；
②"身体对正、杆尖对齐、右手用力左手配合、调整平衡靠右手"等基本观念应贯穿于教学的始终；
③坚持由基本技术到基本动作再到动作组合，最后成套动作的教学步骤；
④经常检查抖线，防止抖线断裂，空竹飞出伤人。

二、空竹运动教学的阶段

根据学生的认知规律，以及空竹运动的教学原则和特点，分阶段进行教学，能使学生有顺序地、连贯地、系统地学习并掌握空竹运动的知识和技能。

第一阶段：基础教学阶段。进行双轮空竹的基本技法、基本动作、动作组合和基础套路的教学。基础教学以双轮空竹的启动、加速、调整（平衡与方向）

和绕、摆、旋、绷、抛、抄等基本技法为基础。进一步学习一些基础的双轮动作组合和套路，要求学会动作，明确动作规格，掌握练习方法，发展专项身体素质，提高身体的适应能力。

第二阶段：在巩固第一阶段的基础上，学习和掌握单轮空竹的启动、加速、调整（平衡与方向）和提、拉、盘、抛、捞、挑、溜等基本技法，掌握其动作方法、技法、特点等规律。

第三阶段：学习不同风格双轮和单轮空竹动作组合与套路，同时还要学会有代表性的双人和团队协作的动作组合与套路。理论传授同步跟进，以使理论与实践相结合。

第四阶段：在全面掌握的基础上，根据个人技术特点，发挥所长，选择项目提高专项训练。

空竹运动教学阶段的划分是为了便于确定各个阶段所要解决的主要教学任务。在教学实践中，每个阶段紧密相连，不能截然分开，需依据实际，灵活安排。

三、空竹运动教学的方法

教学方法是完成教学任务的途径、手段和方式，直接影响着教学任务的完成。要根据教学任务、教材特点、学生实际、作业环境等具体情况来确定教法的运用。合理地运用各种教学手段，是顺利完成教学任务、提高教学质量的重要保证。

因空竹运动属于民族传统体育项目之一，故与民族传统体育项目教学方法存在共性，本书第三、四章已介绍了相关教学方法，诸如直观法，讲解法，完整与分解法，纠错法等，均适用于空竹教学，不再赘述。现根据空竹特点，介绍以下教学方法或手段。

（一）形象化教学法

形象化教学，即在空竹教学过程，将空竹动作之"形"，化为与之相近的生活事物之"象"的贴近实际的一种教学方法。可使学生形成动作初步概念有"实体"可参照，利于学习和复习动作。诸如"拉月"动作，便可形象为"天空之月"，其运动路线与方向便清晰明了。运用此法时，需注重"形"与"象"之间的关联，不可牵强，以免使教学受碍。

(二)"声动"教学法

"声动"教学法,指教学过程中,利用空竹运动之时,伴声响之音,来辨析"抖"之力度与幅度等技法的教学方法。其教学之时,教师可先告知学生如何辨声,以及用力之法,然后让学生自练自听其声响来辨别和改进;也可让教师指导,期间注意安全,防止为追求声响,而用力过度,造成线断而出现事故。

空竹教学过程除上述教学方法之外,还有练习法、比赛法、多媒体教学法等。教学过程中,教师一定力求做到因材施教、有的放矢、行之有效。

四、空竹运动的训练方法

空竹运动的训练方法,是为进一步提升空竹技能,完成训练任务,达到训练目的,取得良好效果的方式方法。一般的训练方法,诸如重复训练法、间歇训练法等均适用于空竹之训练。根据空竹本身的特点,现介绍两种训练方法,即"左右互提"法、变换训练法。

(一)"左右互提"法

"左右互提"法,指训练时,采用左手与右手相互配合的方式进行训练。此法依据空竹运动技术需左右手配合而得出。其训练内容根据目的而定。诸如,徒手互提,"左手画圆,右手画方"(空中作画)等,需着重突出左右手的协调性训练。

(二)变换训练法

变换训练法,指训练时,变换练习内容、形式、速度、环境等条件的方法。此法利于提高练习者对技术的掌握,以及适应性与应变能力。根据空竹的特点,诸如空竹花法任意组合练习,室内室外、校内校外等环境变换练习等,均能不同程度提升习练者的空竹技法。

第四节 空竹的器材类型与制造工艺

一、空竹运动的器材类型

空竹器材类型可以按材料、结构、形状、规格、功能等来分类。

（一）按制作材料分类

竹木空竹、塑钢空竹和其他材质空竹（玻璃钢、橡塑、尼龙、金属、陶瓷等）。（图5-47）

竹木空竹

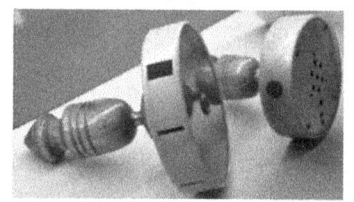
塑钢空竹

塑料

金属

陶瓷

图5-47 按制作材料分类

（二）按结构形状分类

单轮（单头）空竹、双轮（双头）空竹、异型空竹。（图5-48）

单轮（单头）空竹　　　　　双轮（双头）空竹

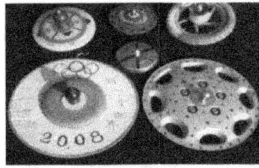

异型空竹

图5-48　按结构形状分类

（三）按规格大小分类

常规空竹、微型空竹、巨型空竹。（图5-49）

微型空竹　　　　　巨型空竹

图5-49　按规格大小分类

（四）按功能分类

工艺品空竹、电子空竹、夜光空竹。（图5-50）

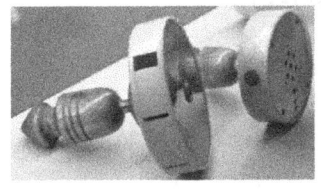
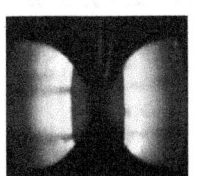

工艺品空竹　　　　电子空竹　　　　夜光空竹

图5-50　按功能分类

二、双轮空竹、单轮空竹的构造

（一）双轮空竹

双轮空竹由一个轴连接两个发音轮或碗型轮构成（图5-51）。

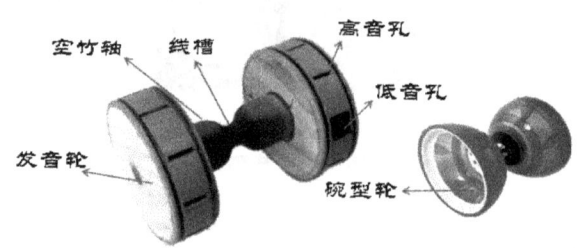

图5-51 双轮空竹的构造

（二）单轮空竹

单轮空竹由一个空竹轴连接一个发音轮或碗型轮构成（图5-52）。

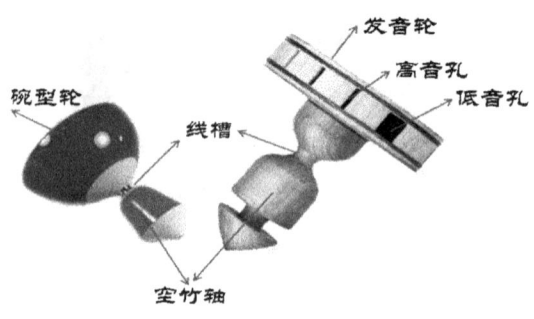

图5-52 单轮空竹的构造

三、空竹运动的辅助设备

（一）抖杆

抖杆由三部分组成：杆头、杆身、手柄（图5-53）。

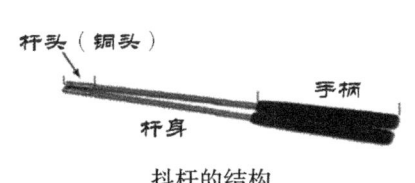

抖杆的结构　　　　　　　　常规抖杆

图 5-53　空竹抖杆

杆头部分一般 3 厘米左右，多由黄铜或不锈钢制成，换线口斜开在杆头顶端旁边，换线非常方便，但穿线时，一定注意避免线头外露。

杆身部分材料来源十分广泛，木条、塑料、树脂碳素钢及合金等都有使用，其中树脂材料较为常见。碳素钢杆身因具有质量轻、强度高等优点越来越受到空竹爱好者的喜爱。

手柄部分一般 15~20 厘米，多由木料、塑料、牛角、橡胶、汗带等材料加工而成。

一般情况下，抖玩双轮空竹整个抖杆的长度在 30~35 厘米为宜；抖玩单轮空竹整个抖杆的长度在 45~50 厘米为宜。

（二）抖线

空竹的线种类较多，按线的品种可分为：纯棉线、尼龙线、编织线、包芯线等（图 5-54）。抖线的好坏事关空竹运动的安全，抖线拉断空竹飞出，很容易出现伤人的状况。抖线又是空竹运动中的消耗品，所以对于抖线的要求就是粗细均匀、结实、耐磨、不宜变形，这样的线才能保证安全、降低消耗、节约成本。

图 5-54　空竹的抖线

抖玩空竹时要求抖线的长度要适宜，方能更容易控制空竹的运动轨迹，做出舒展、潇洒的动作来。一般抖线长度可取两臂展加 10~20 厘米长度为最佳。一般说来，抖小（微）型空竹要用细杆细线，抖大型空竹和抖较重空竹须用粗杆粗线，可由练习者根据本人情况自行选定。

（三）辅助器材

为了增加空竹动作花样，增强观赏性，可以拓展抖杆的结构和功能或者增加附属道具，较为常见的有碗托、放线器、彩带（龙、凤、鱼）等。

1. 碗托

碗托因形如碗状而得名，直径在 1.5~3cm（图 5-55）。抖玩时，将碗托固定在抖杆的末端，用来接住离线下落的空竹。

图 5-55 碗托

2. 放线器

放线器固定在抖杆末端，随着抖线释放与回收按钮的按下，抖线被延长或缩短，抖玩出一种抖线不断变长或缩短的魔幻表演花式。（图 5-56）

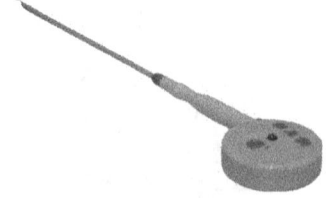

图 5-56 放线器

3. 彩带（龙、凤、鱼）及辅助挂件

为了增强空竹运动的表现力和吸引力，空竹爱好者借鉴象帽舞的表现形式，

将彩带做成龙、凤、鱼等具有良好寓意的形状，在抖玩空竹时将其用辅助挂件固定在空竹的线槽处，运用反盘丝等技法抖动空竹，龙、凤、鱼等彩带随着空竹运动将空竹的运行轨迹展示出来，非常的壮观。此种附属辅助器材深受空竹爱好者的喜爱。（图5-57）

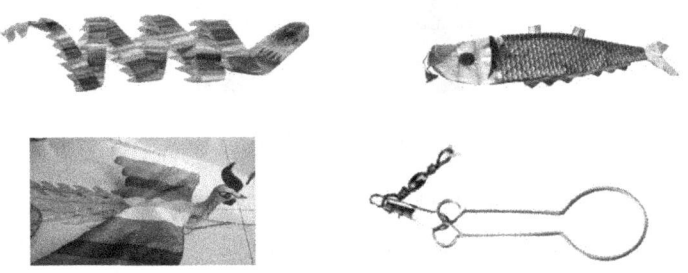

图5-57 彩带（龙、凤、鱼）及辅助挂件

四、传统空竹的制作工艺

传统空竹以竹木空竹为主。竹木空竹制作流程均为手工，制作一只空竹需耗时5日，大致包括以下17个流程[①]：

①截板：根据需要面板的直径，用圆规在五合板或多合板上画出圆，用曲线锯把板锯出，并把四周磨平。（图5-58ab）

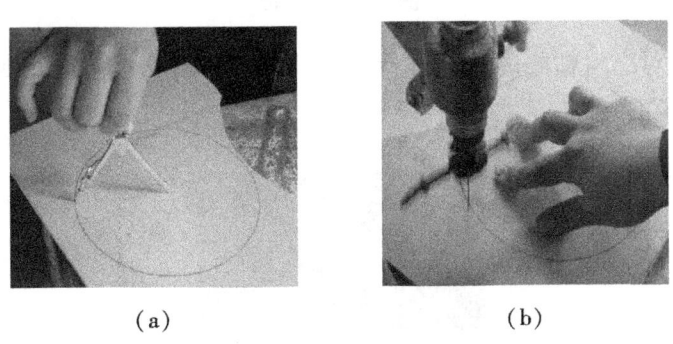

(a)　　　　　　　　　　　(b)

图5-58 截板

②锯竹筒：根据所做空竹的大小选择直径适合的竹筒，按照适合尺寸，用锯将竹筒截成小段，锯口要保证平整。（图5-59）

---

① 传统空竹制作工艺流程图文均由国家级空竹制作传承人张国良先生提供。

图 5-59　锯竹筒

③内粘：用刀将事先锯好的竹筒劈去三分之一，在事先准备好的面板上用圆规画出内粘线，将竹筒按线粘好，竹筒间距应保持一致，大小竹筒平均摆放。（图 5-60）

图 5-60　内粘

④修活：对已内粘好的构件进行整修，使竹筒与面板垂直，四周内粘线一致。（图 5-61）

图 5-61　修活

⑤锯竹片：同锯竹筒一样把竹片截成小段，锯口要保证平整，高度与竹筒一致。（图 5-62）

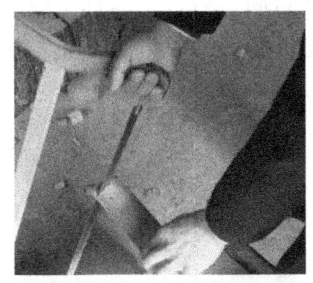

图 5－62 锯竹片

⑥外粘：首先在已经修好的半成品上画线。如果做的是右手空竹，将竹筒向外，面板向内，线画在每个竹筒靠右少半、靠左多半处，要使线间距保持一致。用铅笔沿面板逐一画出弧线和长短线，将竹片按画好的线位贴于竹筒。用刀把已画好线的竹片多余部分劈去；劈时，竹片进风口一侧角度一般保持在30°，另外一边在45°左右。将已劈好的竹片按画线次序一一粘结在面板和竹筒上，粘胶要饱满压实。（图 5－63abc）

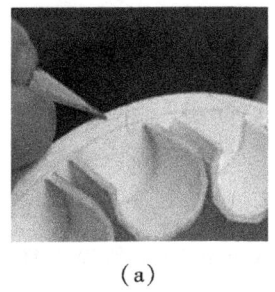
（a）

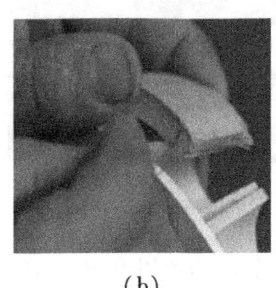
（b）

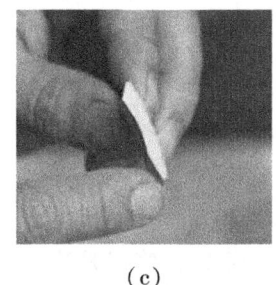
（c）

图 5－63　外粘

⑦磨口：将已浆好的半成品在纱布上把上口磨平，磨时反复转动，保证磨口尺寸一致。（图 5－64ab）

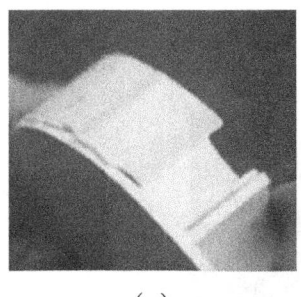
（a）

（b）

图 5－64　磨口

⑧扣盖：磨口完成后，在竹筒、竹片上涂抹上胶，胶要饱满；之后将另一块面板扣上并压实。扣盖时两块面板的木纹一定要交叉着扣，防止变形。（图5-65）

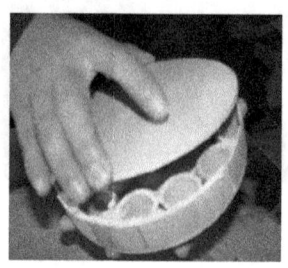

图5-65 扣盖

⑨车活：上一步骤完成后，找出构件侧方圆心，用车床将其车圆，车圆后用刀挑出两边到线槽，并用砂布打磨光洁。（图5-66）

图5-66 车活

⑩修口：修口是决定空竹发音的关键步骤，修口的大小取决于竹筒直径的大小。修口过大，空气在哨堂内形不成挤压。修口太小，无法进入足够的空气，空竹同样不响，在一定范围内修口空竹方能发声。口小所发出的声音频率较低，但需要的转速也低。因此在修口过程中要保证大小兼备，这样在空竹旋转的时候，无论高速或低速旋转，都可以发出不同音频的声响。另外，修口时进风口一面一定要修薄，修口要平整光洁。（图5-67）

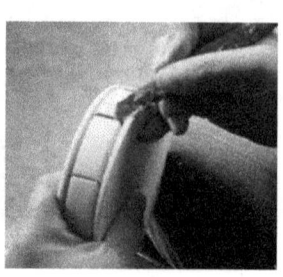

图5-67 修口

⑪缠麻：口修好后，就可以缠麻了。缠麻前一定要将麻用温布擦拭一遍，使麻变得柔软。缠麻时不能出线槽，一定要缠紧。（图5-68）

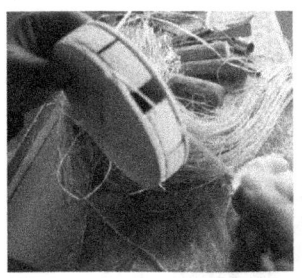 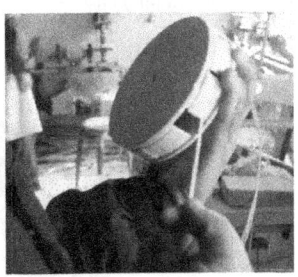

图5-68 缠麻

⑫车轴：空竹轴是空竹的重要部位和易损部位，一定要保证坚固耐用。制作时先将空竹轴的毛坯用机床车成所需直径，用铅笔画出上轴部位，抖线部位，轴头部位，之后用不同的车刀依次车出各个部位，最后用纱布打磨光亮。（图5-69）

图5-69 车轴

⑬上轴：在已做好的发声轮中心按上轴部位直径打孔，在轴的上轴部位处用锯锯开一道上轴部位四分之三长度的直缝，然后抹胶，将轴插入发声轮，再做一个木楔并上胶置入锯缝，用锤子把木楔砸紧，最后把挤压出来的胶擦干净，将多余的木楔磨平打光。（图5-70）

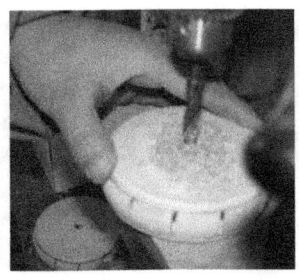 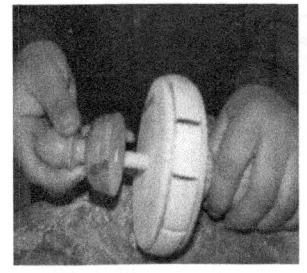

图5-70 上轴

⑭灌胶：事先把猪皮膘胶用凉水浸泡，等胶完全泡好后用火熬成粥状，倒入发声轮的大口，左右晃动，之后将灌入的胶汁倒出，用热的湿布把流出的胶擦净，将空竹摆放在较平的地方晾干。（图 5-71）

图 5-71　灌胶

⑮找平衡（主要针对双轮空竹）：在上轮之前用称或天平找出两个重量相等的发生轮，上完轴后灌胶，待胶凝固后抖动检测是否平衡，如出现一头轻一头重的现象，则需向轻的一头灌胶，直到两侧完全平衡为止。（图 5-72）

图 5-72　找平衡

⑯打磨、刷漆：等空竹胶完全干后，用 100 号以上的细砂布进行打磨，再用修口刀对哨口部位进行修整。个体大或高档空竹还要先刮腻子后再打磨，然后根据不同的需要刷上各种颜色的漆。一般采用醇酸磁漆为好，经济耐用。（图5-73）

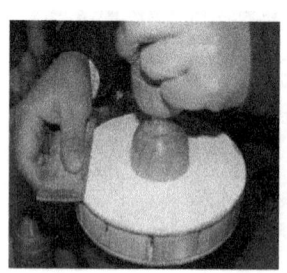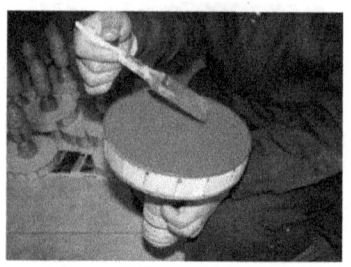

图 5-73　打磨、刷漆

⑰空竹的装饰：为了使完成的作品实用美观，要对其进行适当的装饰。装饰一般采用绘画、雕刻、烙画等手法，根据空竹类别和使用者爱好采用不同的装饰方法。一般采用祷祝吉祥或历史题材的图案和词句。经过装饰，可大大提高空竹的观赏性与美感。（图5-74）

图5-74 空竹的装饰

思考题：

1. 阐述空竹的发展特点？
2. 如何在学校开展空竹运动？
3. 根据空竹花式技法，自编一套健身空竹操。

导读索引：跳绳运动属于民族传统体育项目之一。"太平鼓，声瑟瑟，白光如轮舞索童，一童舞索一童歌，一童跳入白光中。"（《幽州风土吟》）描绘了跳绳之乐趣。本章主要对跳绳源流、特点、基本技术与教学等系列知识进行阐述。借助"摇跃之状"，彰显"绳彩飞扬之貌"；进而体验跳绳之乐。

第六章 跳绳运动

第一节 跳绳概述

跳绳运动最早起源于中国，历史悠久，早在南北朝时期就出现了跳绳运动，唐、宋、明、清等朝代均有相关历史记载，流传广泛，是一项集趣味与健身于一体的优秀民间传统体育项目。具有内容丰富、操作简单、方便易学、安全性高等特性，深受大众喜爱，在民间广为流传。今天，跳绳运动已发展成为一项流行的有氧健身运动，被一些医学专家称为"最完美的健康运动"。

一、跳绳历史发展

从古至今，绳子就与人们的生活息息相关，早在文字出现之前的上古时期，人们就使用结绳记事（图6-1）的方式进行信息记载。随着生产技术的不断提高，人们利用绳子来捆绑物件、驱赶牲畜和制作谋生工具；而孩子们眼中的绳子是童年里不可缺少的玩具之一，利用绳子进行各种游戏。绳子既是生产技能的转变，又是休闲娱乐的重要手段，同时促进跳绳运动的萌芽与诞生。跳绳活动的出现，证明了绳子从"生产工具"向"游戏器具"的转变。

第六章　跳绳运动

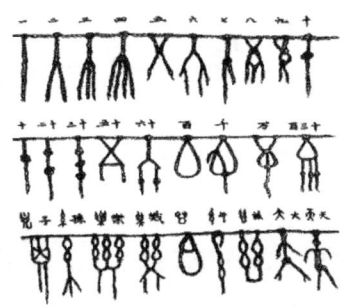

图 6-1　结绳记事

跳绳作为一种体育活动在我国有着悠久的历史，据史记文献记载至少有上千年的流传。从汉画《乐舞百戏车马出行图》①（图 6-2）中呈现出两个女子单人摇跳绳的形象：当绳子接近地面时，女子双脚跳起；而当绳子摇到头上时，女子双脚落地。这一下一上、一起一落，把跳绳的整个过程描绘得惟妙惟肖。这说明跳绳这种活动在汉代（甚至汉以前）就已经存在，并一直延续至今。

图 6-2　《乐舞百戏车马出行图》之跳绳局部

李百药在《北齐书》中提道："游童戏者好以两手持绳，拂地而却上，跳且唱曰'高末'。"描绘出，北齐儿童在游戏时，双手摇绳跳动，随着跳动的节拍，抑扬顿挫，且跳且唱，类似于现在儿童的"跳皮筋"游戏。跳绳活动显然在当时的北齐很受儿童欢迎，可谓关于儿童跳绳活动最早的文字类记载，这种单人"跳且唱"的活动方式，为后世的跳绳方式奠定了基础。

郑滦明在《体育史的新发现——契丹幼儿跳绳图考证》（图 6-3）中提道："中国河北宣化发现的幼儿跳绳壁画，可以印证公元 10 世纪大辽国境内的契丹族幼儿的跳绳活动。"②

---

① 樊六东. 汉代女性体育研究 [J]. 体育文化导刊, 2010 (11)：119-121.
② 郑滦明. 体育史的新发现——契丹幼儿跳绳图考证 [J]. 文物春秋, 1995 (3).

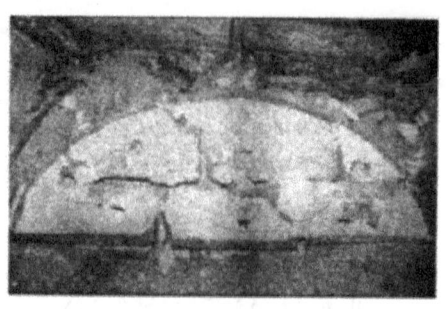

图6-3 契丹幼儿跳绳图

清代，跳绳游戏多在正月十五日左右进行。根据潘荣陛在《帝京岁时纪胜》中记载，每逢元宵佳节来临之际，民间就处处可见跳绳的活动和游戏。《乐陵县志》中也有记载"元宵期间，女子以跳绳为戏，名曰跳百索"。济南府《府志》中也载"每年孟春正月元旦……儿女以绳跳为戏，名曰跳百索"。跳绳在清代又被称为"绳飞"，从清代出版的《有益游戏图说》中可以看到："用六尺许麻绳，手执两端，使由头上回轮于足下，且转且跃，以为游戏，是谓绳飞。"另外，《幽州风土吟》有一段描述："太平鼓，声咚咚，白光如轮舞索童，一童舞索一童歌，一童跳入白光中。"由此可见，清代跳绳融合歌舞，具有娱乐性。

到了民国时期，"跳绳"这一名称才真正出现。1939年福建省举行的国民体育表演会上设有跳绳个人表演；这一时期在学校的体育课和课外活动中出现了跳绳运动[①]。

2007年，国家体育总局制定了我国第一部跳绳竞赛规则，即《中国跳绳竞赛规则》，使跳绳运动的开展更加规范化、制度化，完善了我国跳绳运动的竞赛组织。同年，在国家体育总局社会体育指导中心的推动下，在广州首次举办了全国跳绳公开赛，赛事的举办翻开了我国跳绳运动发展的新篇章，促使其走上规范、健康、快速发展的新轨道。

2010年10月，国家体育总局审定通过《中国跳绳竞赛规则》，将跳绳比赛分为计时计数比赛、花样比赛和表演赛3大类，并提出详细的评价评分标准，结束了中国跳绳竞赛无统一标准的历史。

2011年四川省成都市举行的第3届跳绳公开赛中，便设置了计数赛、花样赛、表演赛3个项目的比赛。比赛规模大，场面壮观，技术显著提升，使我国的跳绳比赛更加具有组织化、规范化。

政府的支持、规则制度的监督，跳绳运动在国内校园及全民健身活动中都得

---

① 彭远志. 炫酷运动花样跳绳[M]. 重庆：西南师范大学出版社，2012.

到了良好的推广和普及，对传承我国民族传统体育文化具有重要的意义。

二、跳绳运动的特点

（一）花样繁多，创意无穷

"花样繁多"体现于跳绳运动的样式丰富，诸如，个人花样、车轮跳、交互绳、绳网、绳阵等各式各样的跳绳技法，展现了跳绳运动的异彩纷呈。"创意无穷"在跳绳样式丰富多样的基础上，依据每一样式的技法，结合跳绳的风格，可创编新颖的跳绳技巧、花法等，具有浓厚吸引力和趣味性。

（二）限制甚少，简便易行

"限制甚少"在于跳绳运动是男女老少皆宜的全民性运动项目，不需要借助任何特殊的设备，不受场地、器材、时间、人数的限制，可单人或多人进行的运动项目，体现了"简便易行"的特点。即只需要一块空地、一根绳，就可以进行锻炼，是最经济且效果极佳的锻炼方法。

（三）运动量可控，安全性高

"运动量可控"即跳绳的运动量可以根据动作繁简和速度快慢来调节，可依据个人练习目的调整运动量。"安全性高"指跳绳运动过程中没有任何直接性的身体对抗，器材简单安全，跳绳者可根据自身能力完成不同难度的花样动作，故而安全性高。

三、跳绳运动的价值

（一）健身价值

"健身价值"谓之跳绳运动的基本价值。其健身价值表现于：①身体素质方面。跳绳运动作为一项全身性运动，要求手、臂、腰、腿、足的全面配合，从而促使速度、灵敏、力量、爆发力、耐力等各项基本身体素质得到全面提高。②内脏器系方面。跳绳运动能够使血液获得更多的氧气，使心血管系统保持强壮和健康；增强呼吸和神经系统的功能；增强人的心肺功能，促进新陈代谢。③骨骼系统方面。提高肌肉力量，促进骨骼的生长发育。由此可见，跳绳运动所具有的健身价值是从不同角度对人的身体进行全方位的调节，堪称"最完美的体育运动"。

（二）教育价值

"教育价值"谓之跳绳运动的主体价值。其教育价值表现于：①跳绳运动相关文化传授学习。跳绳运动作为民俗传统体育项目，源于人们的日常生活，其不断借鉴创新、演绎发展的过程，也是人们对跳绳运动文化的学习过程。②育人效用。在当前我国大力实施文化强国、教育兴国的背景下，作为民俗文化的跳绳运动具有育人的教育价值。"跳绳运动蕴含着我国优秀的民族传统文化和体育人文精髓，该运动不仅修身养性，追求和谐与健康，还在陶冶人的情操和教育方面具有独特的功效。"[1] 诸如，跳绳运动能培养习练者良好的精神面貌和团队集体意识；培养勇于挑战极限、挑战自我的意志品质与创新精神；培养积极乐观的生活态度等。因此，跳绳运动具有"传技育人"的教育价值。

（三）竞技表演价值

"竞技表演价值"谓之跳绳运动的特色价值。其竞技表演价值表现于：①竞技化转型。跳绳运动，自2007年以来，在我国已被列为正式比赛项目，不断完善比赛机制和裁判组织，促进竞技跳绳运动在全国各地如火如荼开展。赛场之上，彰显动作质量、演练水平、难度动作的竞技较量。②博采众长的表演性。"现代跳绳运动经过舞台化、艺术化进行加工编排，配上音乐，融入体操、舞蹈、戏曲、技巧、武术、拳击等体育运动元素，所展现的速度、力量、难度及团队配合技巧，往往能给人们带来极大的视觉冲击和美的享受，以及心灵的震撼。"[2] 故，现代跳绳运动借助比赛平台，彰显竞技之特色；融合艺术等元素，凸显观赏表演性。

---

[1] 聂错. 花样跳绳的体育文化价值研究[J]. 陕西教育高教版，2012（6）.
[2] 王海英. 花样跳绳运动的研究[J]. 宝鸡文理学院学报：自然科学版，2014（6）.

（四）休闲娱乐价值

"休闲娱乐价值"谓之跳绳运动的大众价值。其休闲娱乐价值主要体现在"身心"相娱之融合。娱乐是人的一种愉快的精神体验和心理感受，跳绳运动的娱乐性不仅"娱己"，而且"娱人"。"娱己"的价值主要体现在跳绳者参与其中，体验跳绳带来的乐趣。"娱人"则是与人协作运动或通过跳绳运动给观众带来观赏的娱乐性，使观者在"观"与"赏"之间体味"乐"，满足娱乐的心理需求[1]。跳绳运动自萌芽开始就与人们的生活娱乐活动息息相关，游戏性是其基本的属性，对青少年儿童而言，跳绳运动所带来的趣味与快乐是无法比拟的。闲暇之余，参与跳绳，通过各式各样的跳绳技法，作为闲暇方式，充实闲暇时光，使之"休闲娱乐价值"更具魅力。

四、跳绳运动的形式

跳绳运动的形式主要包括五大类：趣味类跳绳、体能类跳绳、技能类跳绳、花样类跳绳、表演类跳绳。

（一）趣味类跳绳

趣味类跳绳是用诙谐有趣的手段进行跳绳游戏，可分为趣味类与拓展类。趣味类跳法，如蜈蚣爬、螃蟹走、四人运货、跳"竹竿"舞；拓展类跳法，如边跳绳边踢毽子、大绳中跳呼啦圈等。这类玩法旨在增加跳绳的趣味性、活跃跳绳气氛。

（二）体能类跳绳

体能类跳绳，以提升体能为主的运动形式。如以速度跳的形式进行练习，30秒单摇跳、1分钟单摇跳、3分钟单摇跳、1分钟交互绳等，对于心肺功能的锻炼效果明显。

---

[1] 聂锴. 花样跳绳的体育文化价值研究[J]. 陕西教育·高教，2012（6）.

（三）技能类跳绳

技能类跳绳是基于力量、协调、灵敏的技能而形成的跳绳运动形式，具有难度性，多体现于摇绳数量变化、绳交叉变化、穿越绳变化以及融入武术、体操、舞蹈等动作元素的跳绳技术。诸如，个人绳中的多摇跳、固定交叉跳、间隔交叉跳、交替交叉跳，交互绳中的前撑跳入绳、手倒立跳、后空翻跳等。

（四）花样类跳绳

花样类跳绳指按照跳绳运动的规律，结合其他动作元素，由一人或多人完成一套跳绳动作。诸如，个人花样、双人花样、四人花样、集体花样、交互绳花样、车轮跳花样等。

（五）表演类跳绳

表演类跳绳指对跳绳运动的花样形式进行二次创作，融入音乐、故事情节等元素，进而全面展示跳绳运动的多样性、观赏性和创意性的演艺形式跳绳活动，常出现于活动开幕式、闭幕式上活跃气氛的表演。

第二节 跳绳的基本技术

一、跳绳的准备姿势及握、摇绳方法

（一）准备姿势

上体保持正直，双眼平视前方，并脚站立，脚踝稍开；两手握绳柄，将绳置于身后，绳中央于脚踝处；两上臂贴紧身体两侧，前臂自然弯曲，成约120°夹角。（图6-4）

图6-4 跳绳的准备姿势

（二）基本的握绳方法

1. 有绳柄的握法

拇指与食指合力握住绳柄的末端，其余三指并拢后握住绳子，勿握太紧。有正、反握两种握法，正握比较常用，反握常运用于交互绳速度跳。

2. 无绳柄的握法（绕手握法）

将绳的两端分别缠绕在手上，拇指和食指第一、二指关节握住绳子，控制绳子的速度和方向，勿握太紧。这种握绳方法，便于调整绳子的长度，但长时间练习时，容易磨伤手指。

（三）基本摇绳方法

两手握绳，两臂自然屈肘，以肘关节为轴，前臂和手腕协调用力，由后向前摇绳，熟练后可仅用手腕发力。摇绳方法一般包括正摇、反摇、侧摇、交叉摇。

①正摇：绳子从体后经头上方绕向体前经脚下的摇绳方法。
②反摇：绳子从体前经头上方向体后经脚下的摇绳方法。
③侧摇：双手握绳，一手在体前，另一手在体后，将绳由一侧向另一侧摇绳的方法。
④交叉摇（编花）：两手握绳，在体前作两臂交叉状的摇绳方法。

二、跳绳的总要领及动作方法

（一）基本动作总要领

脚：两脚自然站立；起跳时，前脚掌蹬地起跳，腾空后保持上体正直，以维持身体平衡；落地时，前脚掌落地，膝盖微屈，以减轻身体落地冲击力。

腿部：膝关节微屈，用以缓冲膝盖和脚踝与地面接触时的冲撞，防止意外受伤；同时要避免前踢腿和后撩腿两个错误动作。

上体：上体自然放松，正直但不僵硬。

手臂：上臂紧贴，前臂自然下垂至两髋处。

手腕：大拇指和食指发力，其他手指做辅助，防止脱落，手心朝斜下方，手腕发力做外展内旋运动。

两眼：平视前方。

呼吸：均匀自然，有节奏。

（二）基本动作及方法

1. 一跳一摇

动作释义：一跳一摇，又称单摇跳；指跳跃一次，摇绳一周。分为正摇跳和反摇跳。

动作方法：双手握绳，两臂自然屈于体侧，上臂和前臂夹角约120°；绳置于体后，手腕发力，由后向前、向下摇绳；当摇绳即将触地时，双脚起跳，使绳经过脚下，同时双脚缓冲落地；摇绳继续，重复这一过程，为正摇跳。反摇跳动作与正摇跳相同，方向相反。

要点：以腕发力，两臂晃动小；把握起跳与过绳时机。

2. 一跳双摇

动作释义：一跳双摇，又称双摇跳；指跳跃一次，摇绳两周。分为正双摇跳和反双摇跳。

动作方法：以双脚跳为例。在"一跳一摇"动作方法基础上，当摇绳即将触地时，需收腹，双脚起跳（初学可先收腹，延长腾空时间，提高绳过概率；熟练之后再直膝），手腕快速发力，摇绳 2 周，落地缓冲，为正双摇。反双摇动作与之相同，方向相反。

要点：腕部发力，须短促；摇绳与起跳注重配合；落地缓冲。

3. 一跳多摇

动作释义：指跳跃一次，摇绳两周以上。分为正摇跳和反摇跳。

动作方法：其方法与"一跳双摇"相似，唯摇绳次数增多；摇绳次数，因人而异。

要点：腕部发力，须短促；保持身体平衡；摇绳与起跳注重配合；落地缓冲；注意安全。

4. 一摇交换跳

动作释义：一摇交换跳，又称单摇双脚交换跳；指换跳一次，摇绳一周。分为正摇交换跳和反摇交换跳。

动作方法：在"一跳一摇"动作方法基础上，当摇绳即将触地时，小腿依次屈膝上抬，使绳经过脚下，交替蹬地进行，为正摇交换跳。反摇交换跳动作与之相同，方向相反。可连续进行，多用于原地、行进间练习。

要点：腕部快速发力；摇绳与换跳注重配合；交换跳时，小腿勿后踢。

5. 一摇编花跳

动作释义：指先跳跃一次，摇绳一周后，第二次两臂交叉，再跳跃。分为正摇编花跳和反摇编花跳。

动作方法：在完成"一跳一摇"动作后，再跳时，两臂体前交叉摇绳，如此进行，为正摇编花跳。反摇编花跳动作与正摇编花跳相同，方向相反。

要点：以腕发力，两臂稍分开，利于交叉编花；把握起跳与过绳时机。

三、跳绳的花样技法介绍

（一）个人花样

跳绳者运用个人绳，按照跳绳运动的基本规律，合理运用身体姿势的变化或人绳之间的配合，而做出的各种各样的花样动作，全面展示个人绳项目的技巧性和艺术性。

以下列举部分个人花样动作图示（图6-5），可供观摩学习。

图6-5 个人花样动作图

（二）朋友跳

两人以任何方式协同跳一根绳子被称为朋友跳，又叫两人花样。朋友跳动作多样，极具互动性与娱乐性，特别适合家人、朋友、同事、情侣等爱好者共同练习。

以下列举部分朋友跳花样动作图示（图6-6），可供观摩学习。

图6-6　朋友跳花样动作图

（三）车轮跳

车轮跳，因轮流跳绳，从侧面看就像车轮在转动，因而得名。车轮跳是一种两人或两人以上相互配合轮流跳绳的新型跳绳方法，具有花样繁多、易学易练、富有趣味、极具观赏性等特点。

练习车轮跳要注意节奏和配合。车轮跳运动形似车轮在转动，要求绳子依次打地，且时间间隔要富有节奏；车轮跳运动要求绳子运行轨迹清晰，弧度饱满。跳绳者注重动作规范及配合默契。以下为车轮跳花样动作图示（图6-7），可供观摩学习。

图6-7　车轮跳花样动作图

（四）交互绳

交互绳又叫跳双绳，源于荷兰，尤重团队配合的跳绳项目。摇绳者要正确且恰到好处地摇绳，及时调整自己的位置以保持跳绳者在绳子中间跳跃，并辅助跳绳者能够顺利进出双绳；跳绳者要跟随摇绳者变换自身的节奏和位置。交互绳花样难度非常高，具有很强的观赏性，是世界跳绳比赛中关注度最高的比赛项目。以下列举部分交互绳花样动作图示（图6-8），可供观摩学习。

图6-8 交互绳花样动作图

（五）长绳花样

长绳是跳绳运动中参与人数最多的花样类别，一般由两人摇，是一根或多根短绳与一根或多根长绳的组合，绳中有绳，变化万千，精彩纷呈，是表演赛中最精彩的部分。长绳属于集体项目，要求参与者动作协调统一、齐心协力，能够培养跳绳者之间的协作精神。跳长绳对于摇绳者要求较高，摇绳者必须注意力集中，时刻注意摇绳的速度、节奏，主动配合跳绳者。长绳花样可以分为单长绳花样、多长绳花样、长短绳花样。

以下列举部分长绳花样动作图示（图6-9），可供观摩学习。

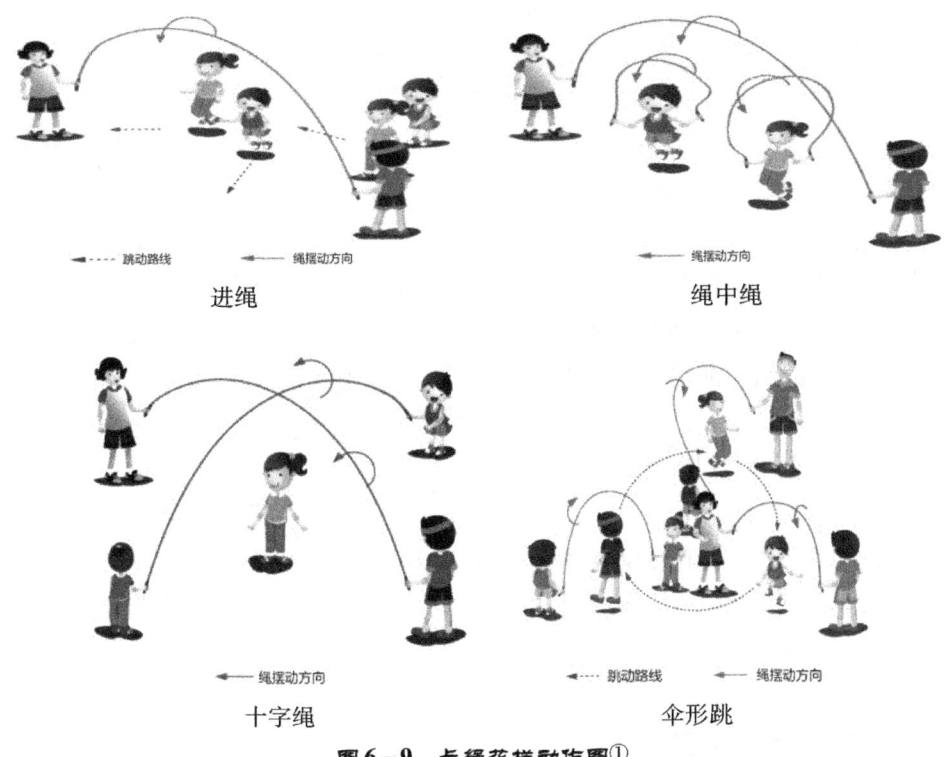

图 6-9 长绳花样动作图①

第三节 跳绳运动教学与训练

跳绳运动教学时,遵循其教学规律,正确理解和贯彻教学原则,注意教学步骤和教学方法的运用,对完成教学任务、提高教学质量有着极其重要的意义。

一、跳绳教学的原则

(一)直观性原则

直观性原则,即在跳绳教学过程中,以直接感知为主,学练跳绳基本技术。

---

① 图6-5、图6-6、图6-7、图6-8、图6-9来源香港康乐文化署普及健康运动网 [EB/OL]. http://www.lcsd.gov.hk/tc/healthy/rope.html.

跳绳运动技术动作由摇绳的方向、摇绳的圈数、手臂的变化、脚步的变化及身体姿势的变化等动作要素组成。在教学中，采用示范、图解、模型、录像等直观性教学方法。使学生在视觉上可直观感受动作全部过程及动作之间的结构和联系。

（二）循序渐进原则

循序渐进原则，指在跳绳教学过程中，按照跳绳的逻辑特点和人体动作技能的形成规律，有序而渐进地传授跳绳技能。做到由简入繁、由浅入深、由多入少，逐步深化，循序渐进，使学生全面学习，获得系统全面的知识。

（三）尊重差异原则

尊重差异原则，即在跳绳教学中，教师发现差异，并细致分析差异原因，正确对待差异性，对学生所表现出来的各种学练行为给予引导，激励学生学习，让学生体验成就感。

二、跳绳教学的阶段

（一）动作认知阶段

动作的认知阶段包括教学中对跳绳运动的直接感知、表象、形成动作概念三个方面。通过观察、模仿，学生尽可能准确、完整地形成动作认知。为更好地帮助学生形成正确清晰的运动认知，教师在教学中应注意：

1. 创建主题环境，激发学习欲望

创建一块"跳绳"主题性展板，用来张贴跳绳运动相关的图片、练习方法、目标、疑问以及学生在练习跳绳中的照片和心得。通过展板，汇总跳绳运动相关的知识，营造学习跳绳的氛围，激发学生的学习欲望与积极性。

2. 建立动作概念

①动作示范：教师通过示范或者播放专业跳绳运动员的视频，让学生获取感知材料，形成视觉刺激，为学生实际练习过程中的模仿提供视觉、听觉、动觉的

各种感官信息。因此，在这一阶段教师的示范要确保正确、优美，结合适当讲解，激发学生尝试跳绳的兴趣。

②学生模仿：学生尝试性地模仿动作，是关键层次。这是学生在观看教师示范和跳绳运动员示范的基础上亲身体验跳绳。这时教师要注意观察，并给予指导和帮助，多鼓励和表扬，提高学生积极性。

（二）初步掌握动作阶段

在这一阶段，学生初步接触动作，神经过程处于泛化阶段，内抑制过程未精确建立，因而动觉感受性差，对动作的控制调节较弱，注意范围较窄，知觉准确性较低，动作间协调性低，从而易产生多余动作和忙乱紧张，完成动作时在时间、空间上具有不准确性，难以发现自己动作的错误和缺点。这一阶段教师要着重强调动作主要环节，不宜过多强调动作细节，保证正确示范与简练讲解相结合。

（三）改进和完善动作阶段

经过一段时间的练习后，学生已掌握局部动作并形成了初步动作定型，但不稳定。在动作间的衔接、连贯自控和幅度等方面的结合，仍需要进一步练习改进。教师应当重视及时纠正错误动作，帮助学生体会动作细节，以便形成稳定的动力定型。

（四）巩固和提高动作阶段

这一阶段具有大脑皮质兴奋和抑制过程的高度集中的生理特点，形成了运动性动力定型，技术动作发展完整，并能准确、省力、轻松地完成。学生注意范围扩大，分配能力增强，反应灵敏迅速，能敏锐地觉察错误并及时调整、纠正，整体动作熟练、优美，具有很高的协调性和稳定性。

这一阶段教师应着重指导、鼓励学生练习，针对完成动作的准确性、协调性，强调改进动作细节，以达到精益求精。通过加大运动量增加练习难度，可采用团体比赛、小组比赛、个人挑战赛的方式巩固动作，使动作技能达到应用自如的程度。同时培养学生完成动作时的应变能力和创造能力，以达到举一反三、灵活运用的程度。

三、跳绳教学的方法

（一）外部信息概念的建立

1. 示范法

示范法是指示范者通过自己完成动作，将动作的整个过程展示给学生，通过示范让学生了解动作的结构、速度、节奏和幅度等，帮助学生初步建立对动作的视觉表象。示范法最直观、最具感染力，是跳绳技术动作教学中常用的教学方法。在让学生初步了解动作完成过程的同时，能激发学生的学习兴趣，让学生产生学习动机。

（1）示范法的种类

示范法的种类较多，包括完整示范、分解示范、重点示范、慢速示范及领做示范等。不同的示范方法具有不同的特点，各种示范方法适用不同的动作学习阶段，不同示范方法的结合使用能起到事半功倍的效果。

完整示范法，是指对单个动作、联合动作或成套动作从"起"至"收"进行示范，使学生对动作的整体有所了解，形成完整的动作表象。完整示范一般用于新动作教学之前，先帮助学生建立完整的动作表象，然后结合分解示范或慢速示范，帮组内学生认识和学习动作的细节。完整示范还适用于一些较为简单的、难度小或不能分解的动作。

分解示范法，是指按动作的结构，将动作分解成不同的部分分别进行示范。跳绳中有些动作难度较大，或者动作的路线较为复杂，教学时必须将动作分解成若干部分，以降低动作的难度，提高教学效果。分解示范一般用于动作的初步学习阶段。

重点示范法，是指对动作的关键和难点的示范，这种示范可以突出重点，达到引起学生注意和思考的作用。重点示范一般用于学生对动作有完整的印象后，采用重点示范，使学生在了解动作的完成过程的同时理解动作的关键点，有助于动作技术的掌握。

慢速示范法，是人为地延长完成动作的时间，使动作的速度明显慢于正常速度。动作的慢速示范可以使学生看清动作的完成过程，有利于学生观察和理解动作。

领做示范法，是指学生和教师同步进行练习。适用于学生已经初步掌握动作阶段，多用于简单动作或者成套动作的练习，领做示范法可以使学生增强完成动作的信心。

（2）应用示范教学法应注意的问题

动作示范的重要性不仅体现在示范的质量上，还体现在示范的时机、示范面、示范位置和不同示范方法的选择上，只有兼顾才能达到预期效果。

示范动作要力求技术正确、形态优美、精神饱满。既能帮助学生对动作建立起正确清晰的视觉形象，又能激发学生的学习兴趣。

在示范动作时，根据动作的特点选择合适的示范面，同时兼顾所有学生选择合适的示范位置。一般前后方向运动的动作应该采用侧面示范，左右方向运动的动作应该采用正面示范或背面示范；示范位置的选择应以每个学生都能看清示范动作为原则。

2. 讲解法

讲解法，是教师运用语言向学生说明动作名称、做法、要领和要求等，揭示动作技术的结构和关键点，以加强对动作的理解。讲解法通常与示范法结合使用，是跳绳教学中最主要、最普遍的教学方法。运用讲解法时应注意的问题：

①目的性明确和针对性强。应根据教学的主要任务和解决的主要问题进行讲解。

②术语讲解。语言要精练，要突出重点；在教授新动作前，对术语做某些必要的说明也是很重要的，这样有利于学生对动作的理解。

③言语通俗适宜。讲解必须符合学生的年龄特征、知识水平、运动和生活经验，注意应用已学过的知识讲解动作的基本原理，让学生加深对动作的理解。

④精讲多练。要注意讲解与示范的合理结合。

（二）本体感知概念的建立

1. 完整与分解教学法

完整与分解教学法，是教学动作最主要的方式方法。运用时，结合跳绳动作结构、技法特点，进行适宜的分解教学和合理的完整教学。以掌握动作概念为目的，科学正确使用完整与分解教学法。

2. 纠错法

纠错法，是学生建立正确动力定型必用之法，用以规范和提升动作规格性。因此，在跳绳教学中，教师应注意及时发现学生的各式各样错误动作，采取积极有效的措施来预防与纠正错误。

运用纠错法，一方面需注意"错"之来源。即教师须细致分析错误原因所在。常见原因诸如，学生不明确学习目的，积极性不高；学生对所学动作的概念、要领及方法不清楚；教学环境与条件的影响等。另一方面需注意"纠"之方法。即针对上述产生错误的原因，教师应采取相应的预防与纠正错误的方法。

教师在跳绳的教学中，必须正确地把握"外部信息"和"内部感知"这两个既有区别而又紧密联系的教学过程，以利于学生建立准确、清晰的动作概念[①]。

四、跳绳的训练方法

学生完成动作的能力是通过不断训练逐步获得的，因此训练是动作技能形成的基本途径。通过不断训练，进一步掌握技术，建立协调的肌肉运动感觉，逐步提高完成动作的协调性和节奏感，从而不断改进和提高动作质量，掌握正确的锻炼身体、增进健康、增强体质的方法。训练方法一般如下：

（一）间歇训练法

间歇训练法，是指在训练中，规定练习跳绳的内容与次数（量），严格遵守间歇时间进行训练的一种方法。间歇时间的长短取决于教学任务、负荷量的大小和学生的特点。此种方法有利于对动作技术进行精雕细刻。

（二）循环训练法

循环训练法，是指在训练中以不同的跳绳内容组成，进行循环训练的方法，旨在提升跳绳一般素质与专项素质能力。练习之时，每一组内容之间不间断、一气呵成。根据不同训练目的与任务，安排循环练习的内容与练习量。

---

① 彭远志. 炫酷运动花样跳绳［M］. 重庆：西南师范大学出版社，2012.

（三）重复训练法

重复训练法，是指在相对固定的条件下，不改变动作的结构，按动作的要领反复练习。此方法在单个动作、组合动作或成套动作练习中均可采用。采用重复练习法不仅可以促进动作技能的巩固和提高，还可以发展学生的专项素质，增强学生的体质。

第四节 跳绳的器材及运动要求

一、跳绳运动的器材类型

传统的跳绳就地取材，材质有草绳、麻绳、尼龙绳、棉绳、塑料绳等。随着跳绳专业化的发展，现代跳绳具有了新的发展。

（一）按材质分

棉绳、塑料绳、珠节绳、钢丝绳。

（二）按长短分

短绳、中长绳、长绳。

（三）按功能分

计数绳、计时绳、卡路里绳。

（四）按用途分

速度绳、花样绳。

二、跳绳的构造

跳绳由绳柄、绳体以及绳柄与绳体之间的连接装置三部分组成。

绳柄是人手与绳子的接触部位,是跳绳的重要组成部位。它可以保护使用者的手部,防止手部磨损受伤,同时有利于花样动作的完成。绳柄有长短之分,短柄一般用于动作单一、两手位置较为固定的动作;长柄一般用于动作较为复杂的情形,特别是手臂有交叉的动作。某些绳柄还加了特殊的辅助装置,如计数器、计时器、能量测试仪等,从而增强了跳绳的功能。

绳体是跳绳的主体部分,决定了绳具的长短和使用效果。绳体的中间部位与地面接触,最好选用耐磨材料制作,且要保持绳体的平滑及重量均匀,一般不可在绳体上打结。

绳柄与绳体之间的连接装置也是跳绳的重要组成部分,它可以保证力量的有效传递,从而提高绳子的控制能力和绳体运行的完美弧度。

三、跳绳运动的要求

(一)跳绳选择

对于绳长度选择,合适的绳长可实现"力量节省化"。初学者跳绳长度可以用以下方法确定:以两脚并拢踩在绳子中间,两腿伸直,两手握绳拉直,绳柄于胸部最合适。

对于绳柔韧度选择,韧性好,摇动时能够保持饱满的弧度,同时给跳绳者最大的跳跃空间,不容易缠脚,可以增加跳绳成功机会,减少失误。

对于绳柄选择,首先,绳柄的长短、粗细应适中,外观漂亮,手感舒适;其次,绳柄与绳体的连接处旋转要顺畅,容易控制绳子的速度及形状;最后,绳柄应容易拆卸,方便调整绳子长度。

(二)服装选择

跳绳时以轻便舒适、透气性较好的运动服饰、运动鞋为宜。

（三）场地选择

普通跳绳对场地要求不高，空间足够，地面平坦、柔软即可；对于难度较高的花样跳绳，最好选择塑胶或者木质地板等地面有弹性的场地，可以减少运动损伤，注重安全性。

思考题：

1. 跳绳运动分为哪些形式？
2. 以"一摇交换跳"技术为例，进行教学设计。

导读索引：舞龙又称"龙舞""舞龙灯"，历史悠久，底蕴丰富，是一项典型、独具特色的民族传统体育项目，深受各族人民的喜爱，历代相传，鼎盛不衰。舞龙之势，恢宏磅礴、雄浑豪迈，是中华民族精神的象征，更是中华民族龙文化的代表。本章以舞龙技术为载体，重温舞龙文化之风貌。

第七章 舞龙运动

第一节 舞龙运动概述

"龙"乃中国四灵之首，被视为中华民族的象征，华夏子孙都将自己誉为"龙的传人"。在古代，龙是神的象征，是吉祥的化身。

舞龙又称"龙舞""耍龙""盘龙灯"和"耍龙灯"，是中华民族政治、思想、文化、艺术、体育、宗教信仰和社会民俗的结晶，是我国传统文化艺术的瑰宝。数千年来一直深受各族人民的喜爱，历代相传，鼎盛不衰。

一、舞龙的起源

龙文化深深植根于中华民族社会生活之中，在中国文化中有着重要的地位和影响，舞龙在一定程度上伴随着龙文化的发展而发展。

青铜时代（夏、商、西周、春秋，公元前21—前5世纪），是龙文化的育成期。据《山海经·海外西经》记载："乘两龙，云盖三层。左手操翳，右手操环，配玉璜"；商代《甲骨文合编》记载："其作龙于凡田，又雨"，有学者则认为这是商代先民作"土龙"求雨的风俗，"龙"字和"作"字连在一起的记载，被认为有可能是最早的舞龙记录之一。人们把"龙"看成能兴云作雨、消灾降福的神奇之物，以龙为灵媒，举行祭典来感应天上的龙神，布施甘霖，祈求风调雨顺，消除旱象，而逐渐形成舞龙祈雨的风俗。因此，舞龙运动的萌芽源于古代求雨、祈福等祭祀活动的舞蹈。

战国、秦汉时代出现了关于舞龙的确切记载,也是大多数学者比较认可的舞龙起源时期。董仲舒《春秋繁露》中首次出现了"舞龙"这个词,舞龙出现在汉代"百戏"中,即"鱼龙曼延"(图7-1)。"鱼龙曼延"作为汉代的大型歌舞,集合了当时最高水平的演员阵容以及布景、道具和特技,可谓规模宏大、幻象纷呈,并以龙为首,龙舞初步形成,由此出现的民间的龙舞、狮子舞、麒麟舞等,可视作对"鱼龙曼延"的传承和演变(图7-2)。从汉代开始,中国的舞龙正式登上了历史的舞台。

图7-1 鱼龙曼延　　　　　图7-2 东汉时的耍龙图

二、舞龙的形成

三国至宋元时期(公元220—1368年),在这个长期的发展过程中,龙的形象经历了从粗简到细腻,从僵硬到生动,从无爪无鳞到有爪有鳞,从单龙、对龙到成组多龙,从寓意故事到纯粹装饰式等演变和发展的过程,舞龙也随之有了一定程度的发展。

隋唐时期,是中国古代舞龙运动发展史中的重要一页,起着承上启下的作用,并为舞龙运动的发展提供了契机。这一时期的"舞龙",已经基本摆脱了原始祭祀的宗教活动,开始与民间传说的节日庆典、灯会等活动密切地结合起来,成为中华民族节日文化的主要组成部分,使"舞龙"娱乐功能大大提高。

宋代时期,民间体育艺术对后世的影响很大,舞龙运动也得到了继承性的发展。"舞龙"之风更盛,其娱乐性也大大增强,南宋吴自牧在《梦粱录》记载:"正月十五日元夕节,乃上元天官赐福之辰……又以草缚成龙,用青幕遮草上,密置灯烛万盏,望之蜿蜒,如双龙飞走之状";面对如此热闹的舞龙场景,南宋豪放派词人,人称词中之龙的辛弃疾,挥笔写下脍炙人口、流传千古的《青玉案

·元夕》词:"东风夜放花千树,更吹落,星如雨。宝马雕车香满路。凤箫声动,玉壶光转,一夜鱼龙舞。"你看,花灯万盏,焰火纷飞,月明如昼,人们载歌载舞、鱼龙漫衍、百戏飞舞,极为繁华热闹,如此元宵景象,令人目不暇接!

明清时期(1368—1911年),龙纹成为皇权的象征和标志而臻于鼎盛,迎来了其登峰造极的黄金时代,这个时期也是舞龙运动发展达到高峰的时期①。诗人阎尔梅在《丙午元宵》一诗中写道:"八宝龙灯舞万回,灯光趵璨百花台。"说明龙灯之舞的演出已经作为民俗节日里的娱乐活动出现且带有明确的祭祀性质,舞龙运动已经从根本上摆脱了"求雨祭祀"的活动目的,彻底转变成民间娱乐活动(图7-3)②。

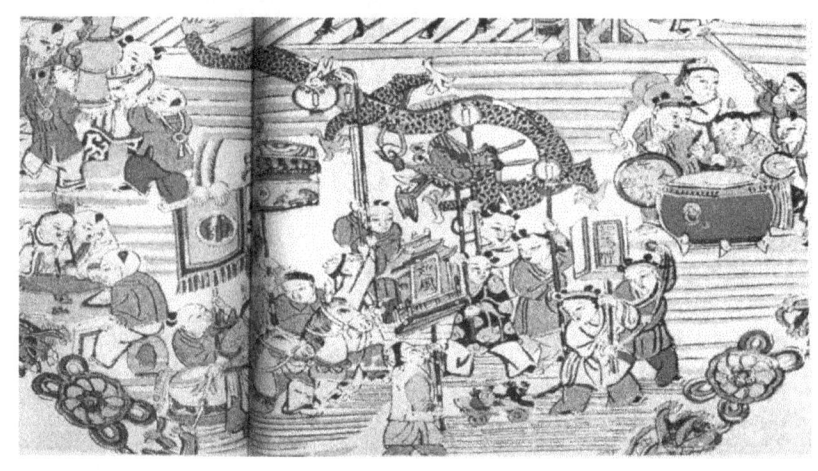

图7-3 《百子全图》

清代"舞龙"在表演上追求形神兼备,特别强调回旋婉转之态,讲究飞腾冲天之象,引诗人大发感慨。清人的一首《龙灯》诗这样写道:"电澈一条火,波翻百面雷。回头笑鱼鳖,陈列上灯台。"汪大伦《龙灯》诗说:"鳞甲攸喷火,飞腾照夜分。市场沸如海,人影从如云。"李渔也在《龙灯赋》里说:"行将飞而上天兮,旦宇宙而不夜。不则潜而人海兮,照水国以夺犀。"这些诗句都是对舞龙形式和内容丰富多彩的真实写照。(图7-4)

---

① 雷军蓉. 舞龙运动[M]. 北京:北京体育大学出版社,2004.
② 冯国超. 中国传统体育[M]. 北京:首都师范大学出版社,2006.

图 7-4 清人黄瑞鹄绘制的舞龙年画

在此时期,出现了"火龙""烛龙""龙灯""竹龙"等。因此,不论从形式还是种类来看,"清代的舞龙都得到了前所未有的发展,达到了我国舞龙运动发展史上的高峰"。[①]

三、舞龙的现代发展

辛亥革命以后,由于连年的军阀混战,民不聊生,农业生产凋零,舞龙活动受到影响。中华人民共和国成立以后,舞龙运动再度受到重视,并重新兴起。在传统节日、灯会庙会、庆典活动中,常常以舞龙来庆贺,成为中华民族表达喜庆吉祥、追求福寿平安的一种方式。

1987 年 11 月,在广州举办的第六届全运会开幕式上,大型团体操《壮志凌云》中出现了四条火龙,火龙身披金甲,熊熊燃烧,在腾腾的烈焰中,狂翻劲舞,气势磅礴,势不可当,充分体现了中华民族龙的精神。1994 年 5 月,国家体委将舞龙运动列入体育竞赛项目,同年在福州举办了首届"佐海杯"全国舞龙邀请赛;1995 年中国龙狮运动协会在北京成立,自成立以来先后出台了《中国舞龙竞赛规则》和《国际舞龙竞赛规则与裁判法》;多次成功举办了全国舞龙锦标赛、精英赛、国际龙狮邀请赛、世界舞龙锦标赛等比赛和龙狮运动技术研讨会,使中国传统的舞龙运动逐渐走向规范化、竞技化和国际化发展的道路[②]。

---

① 卢锋,张国力. 体育与舞蹈艺术 [M]. 北京:人民体育出版社,2014.
② 余汉桥. 中国舞龙运动现状及发展对策研究 [D]. 武汉:武汉体育学院,2007.

第二节 舞龙的特点与价值

一、舞龙的特点

（一）鲜明的民族风格与特色

舞龙运动因自然环境、地域条件不同，而呈现出鲜明的民族风格与特色。南北舞龙受地域文化影响，形成了独特的"南柔北刚"舞龙风格。诸如，南方舞龙，由于地势崎岖、活动范围小，铸就其以精巧与纤丽著称，动作节奏轻快细腻，但又不失勇者之风范；北方舞龙，因北方地势开阔平坦，铸就其表现形式较粗犷，动作刚毅有力，气势磅礴，令人感受到雄者之风。舞龙运动代表着民族文化，其内蕴丰富；是各民族在不同自然条件、地理环境，生产、生活方式，风俗习惯等基础上的外显，故具有鲜明的民族特性。

（二）集多种功能于一体

舞龙运动是一项集体育、武术、舞蹈、音乐、艺术等多种元素于一体的民族传统体育运动项目，进而体现出多重功能。诸如，民俗节庆中，舞龙之"舞"增添了吉祥、喜庆之气氛，展现出表演娱乐功能；赛场上，舞龙之"龙"，彰显了"勇攀高峰"的民族精神功能；民间游龙，方显强身健体之效；舞龙文化，蕴含教育人文之功能。故而舞龙运动是集多种功能于一体的综合性的民族传统体育运动项目。

（三）种类繁多、样式多样

舞龙运动，历史悠久，文化内蕴丰富，历经各民族的发展，呈现出"种类繁多、样式多样"的风格特点。如广东佛山的"伞龙""草龙"，陕西汉中的"板凳龙"，云南的"牵手跳龙门"，湖南湘西的"龙头蚕身灯"，重庆铜梁的"火龙"等；每一种舞龙形式，均体现了本民族的生活习俗、文化特色，故而异彩纷呈。

二、舞龙的价值

（一）文化传承价值

龙是中华民族和民族精神的象征，中华儿女是龙的传人，是龙的子孙[①]，舞龙是中国巨龙精神的具现。中国古代丰富多彩的舞龙文化，充分显示了中国人民的智慧与勇敢，体现了中华民族的英武与蛮健，彰显了中华民族团结向上、气势磅礴的坚毅精神。这一类精神的背后，蕴含着富有特色的"龙"文化与我国传统文化的融合。它与人们的生活习俗紧密相连，是各民族对本族宗教信仰、民族文化、价值观念等的一种寄托和外显。故以舞龙运动为载体，使我国传统文化得以传承，且舞龙运动是培养民族认同和民族精神的有效方式，在文化传承的过程中，充分体现着自身的教育价值，体现着传统文化刚健有为、自强不息的人生价值观。

（二）健身价值

舞龙是通过人体运动和姿态的变化来演绎和展示龙之精神与气魄。其健身价值在于，舞龙之时，似有"一动无有不动"之状，故需要人体诸关节（手、腕、肘、臂、腰、脚等）的配合与参与，从而调理内脏器系之功能，以促进全身各项身体机能的提高，以达到祛病健身、强身健体、修身养性、增强体质、提高生活质量的目的。舞龙为全民健身活动的开展提供了丰富多彩的练习形式和方法，因此，舞龙具有较高的健身价值。

（三）娱乐价值

"倡导娱乐、健康第一"，是现代体育发展的趋势[②]。舞龙运动好似演奏绝妙的交响曲，绝妙之一来自人类匠心的艺术美，绝妙之二是人们对民族历史崇拜图

[①] 程大力. 体育文化历史论稿 [M]. 成都：四川大学出版社，2004.
[②] 张选惠. 民族传统体育概论 [M]. 北京：人民体育出版社，2006.

腾物自然模拟的想象美，故而体现了其娱乐价值。无论是喜庆还是重大节假日，人们总能看到舞龙这种龙腾虎跃、起伏转折的表演形式，展示人们载歌载舞、欢天喜地的心情，把人们带到一个安详欢乐、吉祥如意、团结凝聚的境地[①]。从"观者"角度出发，通过观看节庆中舞龙的表演，从舞龙表演的"构思、造型、运转、服饰"等方面之观，给观者以美之享受；从"与者"（舞龙之人）角度出发，舞龙之人展现多种动作姿态，神形并茂，演绎龙之魅力，给"与者"切身体悟之美。故舞龙运动在人们余暇生活中颇受欢迎。

第三节 舞龙的主要分类

一、民间舞龙的主要分类

（一）依据龙具制作材料进行分类

布龙、纸龙、板凳龙、纱龙、百叶龙、香火龙、草龙、冬瓜龙、绳索龙、空心龙、人龙、凤凰龙、虾公龙、青蛙龙、鸭头龙、青龙、白龙、黄龙、赤龙、黑龙等类型。

（二）依据舞龙的不同地区、不同种类进行分类

在湖南，舞龙就有三人龙、竹叶龙、蓼叶龙、扁担龙、人龙、稻草龙、香火龙、七巧龙、板凳龙、滚地龙等；浙江的百叶龙、拼字龙；云南的水龙；江苏的片龙、罗汉龙；河北的摆字龙等种类。

（三）依据舞法的不同进行分类

鱼化龙、醉龙、狮龙舞、龙虎斗、水龙船、旱龙船、滚地龙等舞法。

[①] 张吾龙，杜晓红，邵磊. 舞龙运动的文化底蕴及其社会价值［J］. 体育文化导刊，2007.

（四）依据舞龙的人数和龙数进行分类

单人舞龙和多人舞龙，以及舞单龙、双龙和多龙等形式。

（五）依据舞龙的目的进行分类

宗教形式的舞龙、表演形式的舞龙、竞技形式的舞龙等形式。

二、竞技舞龙的主要分类

根据国际舞龙竞赛规则，目前国际竞技舞龙比赛的项目有以下五种项目类型：竞技舞龙、夜光龙、竞速舞龙、抽签舞龙和障碍舞龙。

第四节　舞龙运动基本技术

一、舞龙运动的基本动作

1. 基本握法

正常位（图7-5）、滑把（图7-6、图7-7）、换把（图7-8、图7-9）等握法。

图7-5

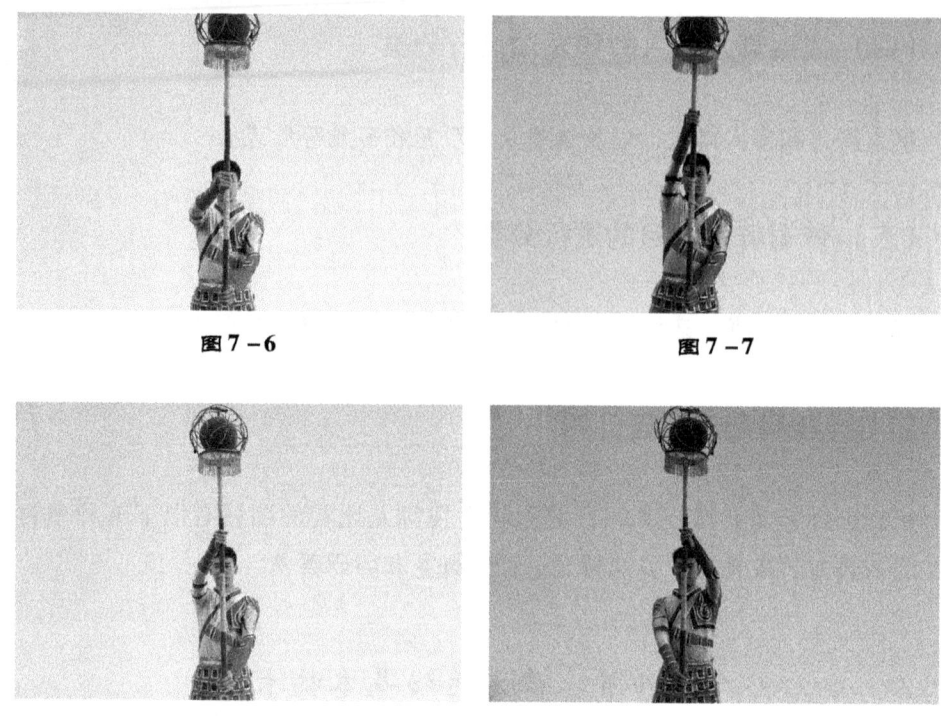

图7-6　　　　　　　　　图7-7

图7-8　　　　　　　　　图7-9

2. 基本步型

正步（图7-10）、小八字步（图7-11）、大八字步（图7-12）、丁字步（图7-13、图7-14）、弓步（图7-15）、虚步（图7-16）等步型。

图7-10

图 7-11　　　　　　　　图 7-12

图 7-13　　　　　　　　图 7-14

图 7-15　　　　　　　　图 7-16

3. 基本步法

圆场步（图 7-17）、矮步（图 7-18）、单碾步（图 7-19、图 7-20）、双碾步（图 7-21～图 7-23）等步法。

图 7-17

图 7-18

图 7-19

图 7-20

图 7-21

图 7-22

图 7-23

4. 跳跃翻腾

旋风脚、踺子、后手翻、后空翻、侧空翻、旋子、抢背、鲤鱼打挺等跳跃翻腾动作。

二、舞龙运动的动作类别及内容

1. "8"字舞龙类动作

动作释义：运动员将龙体在人体左右两侧交替作"8"字形环绕的舞龙动作，可快可慢、可原地、可行进，也可利用人体组成多种姿态、多种方法作8字形状舞动[①]。

动作要点：龙身运动轨迹"圆活"，整体造型姿态优美，8字舞龙速度快、力量强；且8字舞龙动作左右舞龙不少于4次；单侧舞龙每个动作上下不少于6次。(图7-24、图7-25)

图7-24　　　　　　　　　　图7-25

主要动作：原地（或快速）8字舞龙、行进（或快速）8字舞龙、快舞龙磨转、单跪舞龙、靠背舞龙、绕身舞龙、连续抛接龙头横移（跑）步舞龙、跳龙接—蹲—躺快舞龙、跳龙接摇船快舞龙、跳龙接直躺快舞龙、挂腰舞龙、站腿舞龙（两人一组）、站肩舞龙、站腿舞龙、K式舞龙、滚地行进舞龙、单手撑地快舞龙。

2. 游龙类动作

动作释义：运动员舞龙之时，使龙身快慢相间、此起彼伏、左右穿梭之状。

[①] 国际龙狮运动联合会. 国际舞龙南狮北狮竞赛规则、裁判法 [M]. 北京：人民体育出版社，2011.

动作要点：游龙重"游"，体现龙身运动路线圆活，转折自然，起伏有序。（图7-26~图7-29）

图7-26

图7-27

图7-28

图7-29

主要动作：起伏行进、单侧起伏小圆场、矮步跑圆场、快速曲线起伏行进、快速矮步跑圆场越障碍、快速跑斜圆场、骑肩双杆起伏行进。

3. 穿腾类动作

动作释义：穿腾之"穿"，谓之"龙身运动路线纵横交叉，龙珠、龙头、龙骨依次穿过龙身"。穿腾之"腾"，谓之"龙珠、龙头、龙骨依次越过龙身"。

动作要点：穿腾之时，龙形饱满，速度均匀，穿腾动作流畅，不触及龙身。（图7-30、图7-31）

图 7-30

图 7-31

主要动作：穿龙尾、首尾穿（越）肚、龙穿身、龙脱衣、卧龙飞腾、穿八五节、连续穿越腾越行进（3 次以上，快腾）。

4. 翻滚类动作

动作释义：翻滚类指龙身的运动轨迹呈立圆、斜圆或平圆状连续运动，展现龙的气势磅礴翻腾之势，属于技术难度较高的动作。

动作要点：速度、力度、幅度均适宜；翻滚之时，节奏鲜明，流畅自然。（图 7-32、图 7-33）

图 7-32

图 7-33

主要动作：龙翻身、快速逆（顺）向跳龙行进（2 次以上）、大立圆螺旋行进（3 次以上）、快速连续斜盘跳龙（3 次以上）、快速连续螺旋跳龙（4 次以上）、快速连续螺旋跳龙磨转（6 次以上）、快速左右螺旋跳龙（左右各 3 次以上）。

5. 造型类动作

动作释义：造型类分为动态类和静态类。即龙身在运动中组成"主题鲜明"

的图形和龙身在"起势""间歇""收势"等的静止造型。

动作要点：造型"主题鲜明"，神形兼备，动静转换自然。（图7-34、图7-35）

图7-34

图7-35

主要动作：龙门造型、尾盘造型、曲线造型、龙出宫造型、龙舟造型、上肩高塔盘造型自转一周、龙尾高翘寻珠、追珠、首尾盘柱、大横8字花慢行进（成型4次以上）、龙头站肩立柱平盘起伏圆场2周以上。

第五节　舞龙运动教学与训练

一、舞龙的教学特点

舞龙教学特点具有其普遍性和特殊性。普遍性体现于具有体育教学的一般特点；特殊性体现于舞龙运动属于民族传统的体育运动项目，具有相对独立的特点。现将其特点罗列如下：

(一) 注重直观教学，奠定基础

舞龙运动项目最大特征是表演者隐身于所像动物的外形之中，以模拟龙狮的习性动态并表演各种以形态、神态技巧为主的技能主导类运动项目。像其形、取其意，表现难与美为舞龙项目的主要特征[①]。舞龙运动内容丰富，形式多样。其动作均需"全体队员、龙、鼓乐"三合一地完成。因此在教学中，教师要充分利用各种直观的教学方法，帮助学生建立正确的动作表象和感性认识，形成正确的动作概念，为动力定型奠定基础。

(二) 注重动作规格与演练，突出民族风格与特色

舞龙运动，"是一种隐含艺术的体育运动，动作是舞龙的语言，是表演者表达思想、表达情感的重要手段"[②]。因此，在舞龙的教学中，尤其注重动作规格与演练。舞龙运动的动作规格分为"动态"与"静态"规格，动态为路线，静态为静型；舞龙运动的演练则体现"形神兼备"的"舞龙"魅力。唯有掌握其动作规格与演练，方能突出民族风格与特色。

(三) 注重配合，彰显民族精神

舞龙运动乃"全体队员、龙、鼓乐"三者合一，共同完成。三者若要完美、准确地表现出动作的刚健、巧妙、优美等最佳的演练效果，使之浑然一体，则须注重配合，合力完成。故在教学中，在学生掌握动作的基础上，应注重团队协作，理解和领悟舞龙的文化内涵和精神内涵，从而彰显民族精神。

二、舞龙的教学原则

舞龙教学原则是有效进行教学必须遵循的基本要求，是舞龙教学客观规律的反映，对舞龙教学过程起调节、控制作用。根据舞龙教学的一般规律，将其原则总结如下：

[①] 田麦久. 项群理论 [M]. 北京：人民体育出版社，1998.
[②] 曾杨. 论舞龙运动员艺术表现力的培养与提高 [J]. 成都体育学院学报，2008 (10).

（一）坚持"学生主体、教师主导"原则

坚持"学生主体、教师主导"原则，一方面，以学生为主体，要求"在舞龙教学过程中，学生始终是舞龙运动项目学习的主体，教师的一切活动应根据学生主体的需要和特点来合理安排；学生主体应在教师的有效指导下积极主动地参与教学活动，充分发挥学生主体的自主性、主动性和创造性"。[①] 另一方面，教师主导，需注重教师的引导、指导，充分调动学生的积极能动性，提升舞龙教学质量。

（二）坚持"技能教学为主"原则

坚持"技能教学为主"的原则，要求在舞龙教学过程中，利用有限的教学时间，重点向学生传授必要的运动技能和技术方法，并在教学实践中使学生更好地学习和尽快掌握，为学生终身体育锻炼打下坚实的基础。

（三）坚持"兴趣先导"原则

坚持"兴趣先导"原则，要求在舞龙教学过程中，首先要精心设计舞龙教学，激发学生学习舞龙的兴趣。在兴趣先导下，指引学生学习舞龙方向；集中学生学习注意力，从而增加学习动力与活力，使之快乐学练舞龙。

三、舞龙的教学方法

教学方法是教与学的桥梁，是完成舞龙教学任务的主要途径、手段和方式，它直接影响教学任务的完成。科学地运用教学方法对于调动学生的积极性、完成教学任务、提高教学效果和质量都具有重要的意义。

前面章节已罗列诸多教学方法，诸如讲解法、直观法、完整与分解法、纠错法等均能用于舞龙运动的教学，此不赘述，针对舞龙运动教学特点，着重介绍以下方法。

---

① 周登嵩. 学校体育学 [M]. 北京：人民体育出版社，2005.

(一) 联想法

联想法，是指在舞龙教学过程中，根据舞龙具有的图腾文化背景，让学生联想"龙"的日常习性及规律进行教学的方法，具有形象、生动的特点。运用联想教学法时，一方面，教师着重引导教学中舞龙"形态"与"龙"之本身之间的联想，符合联想实际，不可夸大；另一方面，把握联想时机，即联想之后，尽快转换到实体动作的学习，使之有助于学生学练。

(二) "仿生"法

"仿生"法，是指在舞龙教学过程中，教师运用舞龙时的"仿生象形"进行教学的方法。此方法尤重对舞龙运动的"精气神"的培养。运用之时，注重用语言提示，模拟龙之形态，形成正确的动作概念。

四、舞龙的训练方法

依据教学方法，制订与之相应的舞龙训练方法，常用的重复训练法、持续训练法、间歇训练法等均可使用，现针对舞龙训练特点，着重介绍模拟训练法、"常与变"结合训练法。

(一) 模拟训练法

模拟训练法，在舞龙训练时，模拟不同场景进行训练的方法，与教学方法中的"仿生"法相呼应。运用此法，可强化与深化舞龙之技术，将龙的形与神进一步融合。

(二) "常与变"结合训练法

"常与变"结合训练法，"常"指常规训练法的运用；"变"即变化训练法，诸如内容、节奏、速度、负荷等。常与变相结合，能最大化提升舞龙的技能，运用此法需注意，根据不同的训练目的与任务，科学设计常与变的训练方案，合理实施，使舞龙训练质量最优化。

第六节 舞龙运动场地器材与服饰

一、舞龙的运动场地

以竞赛场地为例，竞赛场地为边长 20 米的正方形平整场地（特殊情况，最小面积不得少于边长 18 的米正方形），要求地面平整、清洁，场地边线宽 0.05 米，边线内沿为比赛场地。边线周围至少有 1 米宽的无障碍区。

二、舞龙的器材

（一）龙珠

球体直径 0.33～0.35 米，杆高（含珠）不低于 1.7 米。

（二）龙头

龙头重量不得少于 3 公斤。龙头外形尺寸，宽不少于 0.36 米，高不少于 0.6 米，长不少于 0.9 米，杆高不低于 1.25 米。龙头（含杆高）不低于 1.85 米。

（三）龙身

以九节布龙为例，龙身为封闭式圆筒形，直径 0.33～0.35 米，全长不少于 18 米，龙身杆高（含龙身直径）不低于 1.6 米，两杆之间距离大致相等。龙体、龙尾、龙珠的重量不限制。

三、舞龙的服饰

①比赛时，运动员应穿着具有特色的表演服装。要求穿戴整洁，服饰款式色彩须与舞龙器材相协调。

②执龙珠队员的服饰与其他队员应有明显区别。

③运动员上场比赛须佩戴号码，执龙珠者为"0"号，执龙头者为"1"号，其余依次顺延。替换队员、伴奏队员均须佩戴号码。

思考题：

1．分析舞龙运动的特点与价值。

2．阐述"8字舞龙"技术教学方法。

导读索引：舞狮又称"狮子舞""狮灯"；其形式多样、种类繁多，象征吉祥与喜乐，是一项"传统文化之浓郁"的民族传统体育项目，深受大众喜爱。因地域之异，文化之别，本章着重以"南狮""北狮"技术为主，体会南北之狮的风格特点。

第八章　舞狮运动

第一节　舞狮运动概述

一、舞狮运动的发展简史

舞狮又称耍狮子、狮子舞或狮灯。表演者在锣鼓音乐下，装扮成狮子的样子，做出狮子的各种形态动作。狮子号称"百兽之王"，传说"狮吼驱百魔"，能"镇宅驱邪"，被誉为中国四大神兽之一，乃吉祥之物。舞狮的历史悠久，内容丰富、形式多样、种类繁多，上至帝王将相，下迄僧俗黎民，都将狮子视为威武、守护、辟邪、吉祥的神物。在悠久的历史发展进程中，中华民族崇尚狮子，在民间形成的舞狮等民间民俗文化，逐渐在全国各地得到了发展。并且舞狮一直是我国重要的传统祭祀、庆典活动之一，深受广大人民群众的喜爱，近年来舞狮活动已由民间节日庆典的表演，逐渐发展成为一项拥有娱乐、表演、交流、竞技等多种价值功能的体育运动，在世界范围内受到了青睐。

对狮子的称谓有两种说法，其实最早中国并无"狮"这一称谓，在《说文解字》中亦无此字。据考证，"狮"是从古波斯语的"ser"音译过来的，后来经汉语写为"狮"而被广泛使用。另外，在古汉语中亦称其为狻猊，由梵语"sin-na"转译而来，这一名称在公元前就已出现[1]。从汉代开始称其为"师"，而

---

[1] 王继娜. 关于中国舞狮起源与发展的初步探讨 [J]. 体育科学研究，2005 (3)：9.

"师"这个词语乃是伊斯兰语属,后加"犭"旁为"狮"字。由此可见,关于狮子的称呼均从西域输入。此外,古代还将狮子称为"虓",东汉人许慎《说文解字》谓:虓,"一曰师子"。但这个称呼并不通行,狮子正式进入中国是在西汉①。

汉代,中国开辟了"丝绸之路",打开了中西方的大门,中国的丝绸和养蚕技术、釉陶、造纸术都陆续西传,同时中亚、西亚的特产如胡桃(核桃)、大蒜、胡萝卜等,也先后传入中国。大宛的"汗血宝马"、非洲的狮子、鸵鸟等也由西域古国传入我国②,与我国相邻的西域大月氏和安息(今伊朗)等国为了结好汉室,和睦邻国,建立友谊,每年都派使者不远万里把象征吉祥、威武的狮子进贡给我国,安息国国王赠献狮子给东汉第三位皇帝——汉章帝刘炟,从此狮子由异国他乡来到了中国。《后汉书》有关于最早贡狮的记载:"汉章帝章和元年(公元87年),月氏国献狮子;二年(公元88年),安息国献狮子。"③汉朝以后,历朝历代均有贡狮记录,至清康熙十七年(公元1678年),葡萄牙使臣还向大清进贡非洲狮。在前后持续一千六百多年的时间里,狮子以它的威武、勇敢的神态和雄姿,为庶民百姓所接受,并融于中国民众之心,被视为威武、守护、辟邪、吉祥的神物。

北魏时期,据杨衒之《洛阳伽蓝记》记载,洛阳"永桥南道东有白象、狮子二坊"④。白象和狮子均为外国贡品,专门在此驯养,亦可见动物戏之受到重视,乔装狮子也就有了强大的民间基础。之后,在宫廷的百子戏之中,亦常见到辟邪(狮子)的身影。《隋书·音乐志》记载,南齐有"三朝四十九设",乃是会元之日的百戏乐舞演出次序,可以说是古代第一份百戏节目单:"旧三朝设乐……四十一,设辟邪伎。"梁代的百戏品种极多,其中陈旸《乐书》对梁代节目的追忆共有两则,在第二则中称"梁之朝乐有车轮折豆伎"⑤。这些记载是当时的流行节目,可见,当时舞狮已经成为比较流行的宫廷百戏表演的一种形式。

唐朝时期,经济、文化高度发展,对外交流频繁,西域康居等国连年进贡狮子,促使舞狮得到更广泛的发展,当时的舞狮形象也成为后代狮子形象的规范,为以后舞狮中的造型奠定了基础。唐太宗贞观十一年(公元637年),对隋朝九部乐系进行了调整,增加"十部乐",其中最有名的"五方狮子"又称《太平乐》,属于《龟兹乐》,而"凉州狮子"属于《西凉乐》。"五方狮子"的表演,

---

① 丁保玉,解兵兵. 舞狮文化解读 [J]. 山东师范大学学报,2010 (6):55.
② 姜玉泽. 舞狮运动的形成与现代舞狮的特点 [J]. 北京体育大学学报,2005 (5):28.
③ 张延庆. 中国舞狮的起源与文化演变 [J]. 体育文化导刊,2003 (11):77-78.
④ 杨衒之. 洛阳伽蓝记 [M]. 济南:山东友谊出版社,2001:120.
⑤ 傅起凤,傅腾龙. 中国杂技史 [M]. 上海:上海人民出版社,1991:119.

气势雄壮，绚丽非凡。《旧唐书》中记载："《太平乐》亦谓之'五方狮子舞'。狮子鸷兽，出于西南夷天竺、师子等国。缀毛为之，人居其中，像其俯仰驯狎之容，二人持绳秉拂为习弄之状。五狮子各放其方色，百四十人歌《太平乐》，舞以足，持绳者服饰作昆仑象。"①

随后狮子舞在民间广为流传，每逢佳节，大街小巷，锣鼓声声，处处能看到人们围观舞狮的场面（图8-1）。唐代大诗人白居易在《西凉伎》一诗中更是绘声绘色地记录了当时西域胡人舞狮的场面："假面胡人假狮子，刻木为头丝作尾，金镀眼睛银贴齿，奋迅毛衣摆双耳。如从流沙来万里，紫髯深目两胡儿。鼓舞跳梁前致辞。"南北朝出版的《乐舞集》和《百戏》两书和隋朝的《乐府杂录》一书的《龟兹部》，对狮子舞已有详细的记载，宋代以后，民间舞狮活动愈加广泛，风格特色各异，并流传至今。（图8-2）

图8-1 南宋《百子嬉春图》

图8-2 清代《舞狮图》

二、南、北狮的形成

（一）北狮的形成

"北狮"起源相对较早。相传北魏（公元386—534年）太武帝远征甘肃河

---

① 丁保玉，解乒乓. 舞狮文化解读[J]. 山东师范大学学报，2010（6）：55.

西,俘虏胡人十万之多。魏太武帝令胡人献舞娱乐。胡人以木雕兽头,两大五小,披兽衣,集八音乐,武士三十余人,起舞于御前。舞者欢腾喜悦,舞技的美妙令太武帝叹为观止。太武帝询其所舞,胡人答曰:"北魏朝圣,四方匡伏,西凉乐伎,同沾皇恩。"太武帝龙心大悦,赐名"北魏瑞狮",恩准俘虏回国。此后,狮子舞便在北方流传开来,以后便有了"北狮"之称。

在表演过程中,两个人的协调配合是顺利完整地完成动作的重要保证。表演的人员包括"引狮员""双狮"五人。舞狮表演者服装上都披上毛,且毛色与真狮子大多相同,在表演过程中犹如一头头活灵活现的真狮子一样,表演方式有小狮一人舞,大狮两人舞,一头狮子由两人配合表演完成,一人站立举狮头,一人弯腰抓住举狮头人的腰来舞狮身和狮尾。北狮一般是雌雄成对出现,狮头上有红结者为雄狮,有绿结者为雌狮。

北狮全身造型酷似真狮,娇小可人,动作灵活。北狮表演重于扑、跌、翻滚、跳跃及搔痒等动作,神态活现。北狮的表演尚有武士引舞之敏捷、矫健身段相配合,既表现狮子雄健勇猛,也刻画武士机智风趣,给人以美好振奋之享受[①]。

(二) 南狮的形成

南狮以广东为中心,风行于中国香港、澳门和东南亚侨乡。南狮也称"醒狮""雄狮""文狮"。南方"醒狮"喻为国泰民安、太平吉祥,也有提醒国人应该自强不息,鼓励民族奋发图强的意思。南狮在宋代才出现,是从北方黄狮脱胎而来,从中原流传到南方,其发展过程经历了黄常狮、独角狮、佛山狮,直至现代的综合狮。

南狮流派众多,有清远、英德的"鸡公狮",广州、佛山的"大头狮",高鹤、中山的"鸭嘴狮",东莞的"麒麟狮"等,在外形上南狮更强调"神似"[②]。其造型以威猛著称,狮头以戏曲面谱为原型,色彩鲜艳,制造考究;眼帘和嘴都可以动。头上戴有犄角,这是南狮的一个独特的造型,因为这个角的存在,使南狮实为一个不像狮子、不像犀牛、不像麒麟、不像野兽的"四不像"。南狮"狮头"有黑、红、黄三种,分别表示桃园三结义刘、关、张的性格[③],关公狮勇猛,气势雄伟;张飞狮粗犷好斗;刘备狮沉着稳健,有威严感。南狮的"狮头"和"狮被"是连接在一起的,队员之间不进行捆绑,舞狮二人的活动范围相对

---

① 王继娜. 关于中国舞狮起源与发展的初步探讨[J]. 体育科学研究,2005 (3):9.
② 周华. 文化生态视角下传统南狮面临困境与出路[J]. 当代体育科技,2014 (6):4.
③ 姜玉泽. 舞狮运动的形成与现代舞狮的特点[J]. 北京体育大学学报,2005 (5):28.

自由，动作迅速灵活，难度大，危险程度高，主要的表演特点在于蹦、跳、飞跃、采青等高难度动作。

北狮舞以表演"文狮"为主，南狮则重技巧和武功的运用，它将传统武术和舞蹈动作融于舞狮之中，讲究的是意在和神似。表演时讲究表情，讲究桥马，善于抽象传神。而醒狮的主要内容"采青"其谐音与"踩青"相同，相传"采青"含有"反清复明"、推翻清朝统治及不受外国列强欺侮之意[1]。现在则演绎为"生猛"，寓意生意兴隆。其"青"用的是生菜。把生菜及利市（红包）悬挂起来，南狮演绎时多配以大锣、大鼓、大钹，狮子的舞动则需配合音乐的节奏，在"青"前舞数回，表现犹豫，然后一跃而起，把青菜一口"吃"掉（所谓采青），再把青菜咬碎（所谓碎青），还要模仿狮子吃饱的表情神态（所谓醉青），再把咬碎的青菜吐向大家致意（所谓遍地生财）。为了增加娱乐性，有时还会用上各种采青的方式（采天青、采地青、采水青等）并配以各种特技动作，如上肩（舞狮头者站在狮尾者肩上）、叠罗汉、上杆（爬上竹竿），或者过梅花桩（经过高低不一的长木桩）等，表演得惟妙惟肖、出神入化、淋漓尽致。

在舞狮之前通常还会举行"点睛"仪式，把朱砂涂在狮的眼睛上，象征赋予生命。一个新的狮头，未经过开光点睛，充其量只是一件扎作而成的工艺品，所以在传统的礼仪上，必须经过开光仪式洗礼后，才赋予其灵性[2]。

南狮的动作多以南拳为主，具有戏剧性和故事性。诸如，起势、常态、奋起、疑进、抓痒、迎宾、施礼、惊跃、环视、酣睡、出洞、发威、过山、上楼台等；舞者运用不同的步型、步法，配合狮头动作将各种造型抽象地表现出来，令人叫绝。南狮动作灵巧活泼、潇洒威武，运动幅度大、难度高、惊险性大，突出表现在蹦、跳、飞跃、踩青等动作上，桩上飞跃技巧是南狮动作之精华，成为南狮表演的一大亮点。

三、舞狮运动分类

受不同地域传统文化差异以及民俗民风的影响，舞狮的种类丰富多彩，舞法也分为文狮和武狮；狮子的形态可分为太狮和少狮；根据地域的差异分为南狮和北狮。

---

[1] 阮爱武. 醒狮采青赏析［M］. 澳门：罗梁体育总会出版社，2008.
[2] 于兆杰. 中国舞狮的起源及其发展演变［J］. 搏击·武术科学，2008（6）.

（一）南狮的主要分类

1. 依据狮子制作分类

岭南佛、鹤装两大流派。

2. 依据舞狮技艺水平分类

"瑞狮""醒狮""狮子"，即"高、中、低"三个基本等级。

3. 依据舞狮的方法分类

上架舞狮、中架舞狮、下架舞狮。

4. 依据舞狮的地区、种类分类

佛山的大头狮、鹤山的鸭嘴狮、清远英德的鸡公狮、雷州半岛的鹦雄狮、猫型狮、龙型狮、麒麟狮、貔貅狮、鼠型狮、土狮、祁东狮、灵狮等种类。

5. 依据狮头的图案设计、色彩分类

关刀纹、太极纹、螺旋纹、云头如意纹、刘备狮（金狮）、关公狮（红狮）、张飞狮（黑狮）、赵云狮（青狮）、马超狮（白狮）、黄忠狮（黄狮）等狮子类型。

6. 依据南狮采青的阵法分类

南狮的青，种类繁多，品名多样，有技艺的、有斗智的、有祝贺的、有欢庆的、有激励的、有亲善的、有驱邪的、有镇宅的等。如高青、中路青、地青、蛇青、蟹青、龙门青、水青、桥青、醉青、猪笼青等阵法。

7. 依据舞狮目的分类

宗教形式的舞狮、表演形式的舞狮、竞技形式的舞狮等形式。

8. 竞技南狮的分类

竞技南狮、传统南狮、竞速南狮、抽签南狮和障碍南狮。

（二）北狮的主要分类

1. 依据舞狮的地区、种类分类

宁海狮舞；北京的太狮；河北徐水的舞狮，即墨九狮图；李家狮舞；焦作的舞狮；绍兴的舞狮；福建泉州的舞狮；福建莆田的舞狮；河南马桥的舞狮等舞法。

2. 依据舞狮的目的分类

宗教形式的舞狮、表演形式的舞狮、竞技形式的舞狮等。

3. 竞技北狮的分类

竞技北狮、传统北狮、竞速北狮、抽签北狮和障碍北狮。

四、舞狮运动的特征

（一）浓厚的地域文化特性

南北之狮，各具特色，均受地域特性之影响。诸如，南狮动作灵巧活泼、桩上飞跃惊险刺激，采青、吞青、吐青更具特色；北狮动作威武雄壮、豪放大度，颇具王者风范。因此，地域之异，文化之别，舞师运动具有浓厚的地域色彩。

（二）悠久的历史文化特性

舞狮运动，历史悠久，其伴随着社会的发展和时代的更新而不断发展。从起源而论，源起三国，盛于南北朝，历经各代，传承至今，突出了其历史性。舞狮运动历经历史长河，植耕于社会文化土壤之中而滚动发展。一方面，其动作内容蕴含传统文化气息；另一方面，其外在纹饰是民族文化的外显，故而彰显了其文化特性。

(三) 富有"民族风味"的竞技性

舞狮运动，属于民族传统体育项目。舞狮运动的竞技性富有"民族风味"特色。究其原因，其一，南狮中的"采青"之争，其动作设计与内容蕴含着民族文化，具有民族风味；其二，正式的竞技体育舞狮比赛中，动作编排、技能展示、音乐配合等均延续了传统文化特色。故而在"民族风味"渲染下的竞技性，使舞狮运动蓬勃发展。

第二节 舞狮运动的基本技术

一、南狮的基本技术及特点

1. 基本技术

①阵（阵法）：高青、中青、地青、蛇青、蟹青、龙门青、水青、桥青、醉青、猪笼青等阵法。

②形（形态）：翻、滚、卧、闪、腾、扑、跃、戏、跳等动作表现。

③神（神态）：喜、怒、醉、睡、醒、动、静、惊、疑、怕、寻、探、望、戏等神态表现。

④法（方法）：步型步法、两人配合、鼓乐配合等方法。

2. 风格特点

南狮具有"灵巧活泼、惊险威武、意在神似"的技术风格和特点。

3. 南狮的基本动作

①基本握法：单阴手（图8-3）、单阳手（图8-4）、双阴手（图8-5）、双阳手（图8-6）、开口式（图8-7）和合口式（图8-8）等握法。

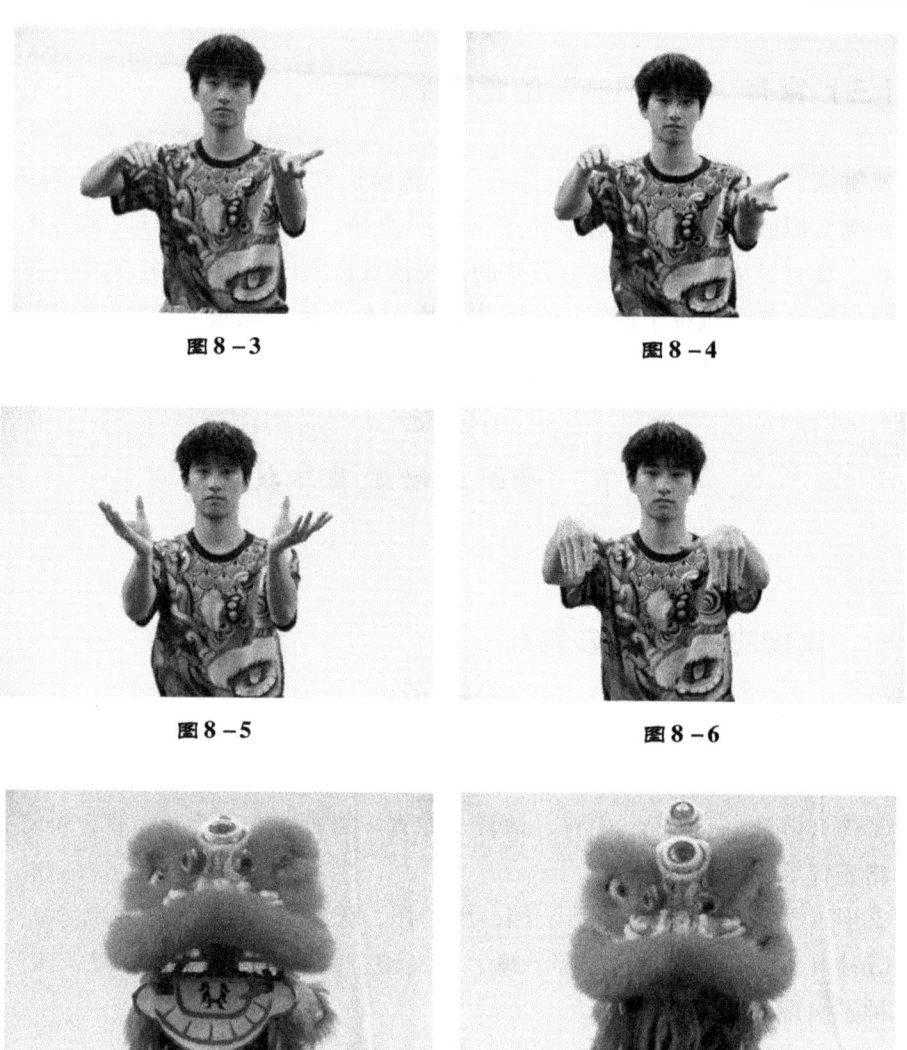

图 8-3　　　　　　　　图 8-4

图 8-5　　　　　　　　图 8-6

图 8-7　　　　　　　　图 8-8

②基本步型：四平步（图 8-9）、弓步（图 8-10、图 8-11）、跪步（图 8-12、图 8-13）、虚步（图 8-14、图 8-15）、插步（图 8-16、图 8-17）等步型。

第八章 舞狮运动

图 8-9

图 8-10

图 8-11

图 8-12

图 8-13

图 8-14

图 8-15

209

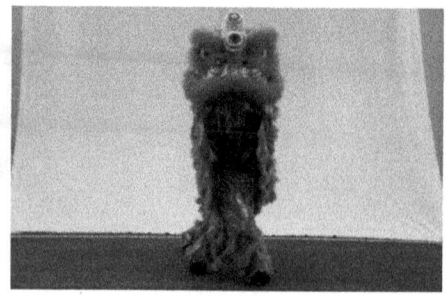

图 8-16　　　　　　　　　　图 8-17

③基本步法：行礼步（图 8-18、图 8-19）、麒麟步（图 8-20、图 8-21）、小跑步（图 8-22）、探步（图 8-23、图 8-24）等步法。

图 8-18　　　　　　　　　　图 8-19

图 8-20　　　　　　　　　　图 8-21

图 8-22

图 8 – 23　　　　　　　　　　　图 8 – 24

④基本上法：腾起（图 8 – 25）、上单腿（图 8 – 26）、上双腿（图 8 – 27）、坐头（图 8 – 28）等基本上法。

图 8 – 25　　　　　　　　　　　图 8 – 26

图 8 – 27　　　　　　　　　　　图 8 – 28

4. 南狮的难度动作

①平地直接上桩动作（直接上桩 1.5 米或以上）。

②飞跃（2.8 米或以上）接占位、转体、推进、挂踏、钳桩、坐头、反身。

③连续飞跃（4.5 米或以上）接占位、转体、推进、挂踏、钳桩、坐头、

反身。

④腾空推进接占位、转体、横挂踏、钳桩、低向高推进。

⑤单、双腿上同时飞跃接占位、转体、挂踏、钳桩、坐头。

⑥悬挂横移接转体、挂踏、钳桩、反身。

⑦坐头飞跃接转体、错位、推进、占位、挂踏、钳桩再飞跃。

⑧飞跃接错位再飞跃、占位、四脚磨转、挂踏、钳桩、钳腰。

⑨狮尾凌空磨转。

⑩飞跃、两桩间转体凌空占位上腿。

⑪快速腾空后退。

⑫钢索接上腿、行进、转体、跳跃、站肩。

⑬桥上、壁上接钳腰、上腿、弯腰、坐头。

注：以上动作均可超越实际尺寸。

二、北狮的基本技术及特点

1. 北狮的基本技术

①动作方法：摇、点、摆、错、叼等基本手法和行步、盖步、跑步、错步、碎步、颠步、圆场步等步法。

②动作形态：亮相、卧势、高举、侧滚翻、金狮直立、舔、吭、挠、甩尾等形态动作的表现。

③动作神态：楞相、美相、惊相、怕相、急相等神态动作的表现。

④鼓乐配合：鼓乐配合的表现。

2. 风格特点

北狮具有"抽象传神、威猛活泼"的技术风格和特点。

3. 基本动作

①基本握法：狮头握法和狮尾握法，包括双手扶位、单手扶位、脱手扶位等握法。

②基本手法：摇、点、摆、错、叼等基本手法。

③基本步型：弓步、马步、仆步、虚步、插步等步型。

④基本步法：行步、盖步、跑步、错步、碎步、颠步、圆场步等步法。

⑤跳跃翻腾：旋风脚、踺子、后手翻、后空翻、鱼跃、高举、直立、侧滚翻等跳跃翻腾动作。

⑥神态动作：楞相、美相、惊相、怕相、急相等神态动作。

4. 北狮的难度动作

（1）引狮员动作

引狮员后空翻下高台、引狮员踺子后手翻接后空翻坐狮。

（2）旋转类动作

单狮高台坐肩，引狮员钳腰狮身旋转720°、双狮高举左右转体360°、双狮高台甩狮尾720°、双狮高台坐肩交叉平躺旋转1080°、双狮平台转体360°接转体180°甩尾上高台。

（3）翻跃类动作

双狮拜四方270°上高台、双狮高台左右180°飞跃直接站腿、双狮高台甩狮尾飞跃180°接甩狮尾飞跃180°接狮尾旋转360°、双狮高台飞跃180°接360°直接站腿、双狮狮头在平台，狮尾在地面翻身360°下地（脱手）、器材间飞跃2米接高举转体180°接转体360°、双狮方桌侧空翻下地、双狮高台前（后）空翻下地。

（4）造型类动作

双狮高台互叠、引狮员驾狮、双狮高台踩背、引狮员狮身倒立。

第三节　舞狮运动的教学与训练

一、舞狮运动的教学阶段

第一阶段：舞狮基本功、组合及舞狮常规练习方法教学。舞狮运动教学首重基本功，明晰其动作规格；对特定组合进行模仿，清晰其要领；掌握舞狮常规练习方法，发展舞狮专项素质。

第二阶段：以第一阶段为基础，巩固学练；进而学习舞狮相关套路及理论，掌握套路动作质量与演练，提升部分难度动作；结合理论知识，并用于指导舞狮技术；加强素质练习。

第三阶段：以第二阶段为基础，提升强化；加强舞狮动作与舞狮神采的融合，着重演绎舞狮"神韵"特点；可自行创编符合舞狮风格的组合及套路，通过强化练习，凸显舞狮风格特点。

教学阶段，为舞狮教学提供方向。各阶段具体的教学任务以及阶段的周期长短因时而异，旨在"阶段化"地提升舞狮技能和对舞狮文化的理解。

二、舞狮运动的教学方法

舞狮运动的教学方法，与民族传统体育教学方法大同小异，均能用之。譬如讲解法、动作示范法、完整与分解法、纠错法等，本章不做赘述。现将结合舞狮本身属性，介绍以下方法。

（一）游戏法

游戏法，指在舞狮教学过程中，基于舞狮本身特性，以"寓教于乐"为特色，进行教学的方法。采用游戏法，能激发学生兴趣，调动其积极性，利于教学任务的完成。

运用之时，需注意下列事项。其一，明确游戏教学目的，游戏的设计、规则要与教学内容息息相关，不可不着边际，须突出舞狮中游戏性。其二，注重安全，游戏过程中，教师要着重观察，及时指导。其三，舞狮教学中，注意游戏法运用时机。

（二）情景模拟法

情景模拟法，指在舞狮教学过程中，模拟相关狮子的"生活"情景，进行教学的方法。采用情景模拟法，能让学生体会狮子的形态和神貌，刺激学生学习动机，利于达到预期的教学效果。

运用情景模拟法，需注重两个方面。第一，模拟情景，其设计须符合实际，结合教学条件与内容进行。其二，调动学生积极参与，利于掌控。

三、舞狮运动的训练方法

舞狮运动的训练方法中，诸如一般训练方法（重复法、间歇法、循环法等）均能用之，本章不做介绍。现将结合舞狮本身特性，介绍以下方法。

(一)"慢速"训练法

"慢速"训练法,指在舞狮训练中,降低舞狮动作的正常速度,慢速练习,且每一动定势时,保持静止的方法。运用此法,一方面,能进一步清晰每一动的规格要领,细细体会舞狮的神韵与内涵;另一方面,通过本体感觉的强化,使"六合"更协调,同时更能促进舞狮者间的默契配合,提升核心力量。运用之时,需注意阶段化使用,且与"常速"训练相交替。

(二)递进训练法

递进训练法,指在舞狮训练中,按照训练量"层层叠进"的原则来设置训练计划与方案的训练方法。运用此法,旨在通过量变形成质变,坚持训练,强化舞狮技能,凸显其神韵。运用之时,注重合理设计密度与强度的比例,渐进而行,提升舞狮之技法。

结合上述舞狮运动教学方法与训练方法,因材施教,因时而择,方显"教学训练皆有法,贵在得其法"的运用宗旨,从而提升舞狮运动的教学质量与训练成效。

第四节 舞狮运动场地与服装

一、舞狮场地

①以竞赛场地为例,竞赛场地为边长 20 米的正方形(特殊情况,最小面积不得少于边长 18 米的正方形),要求地面平整、清洁,场地边线宽为 0.05 米,边线内沿以内为比赛场地。边线周围至少有 1 米宽的无障碍区。

②场地应是木板或铺设地毯。

③场地上空从地面量起,至少有 8 米的无障碍空间。

二、舞狮服饰

运动员应穿着具有特色的服装,要求穿戴整洁。舞狮队员服饰款式色彩与狮头狮身相协调,伴奏队员、保护人员都必须统一服装。

要求:狮头、狮被大小匀称、协调。

思考题:

1. 分析舞狮运动的特征。
2. 简述"南狮""北狮"的异同。

参考文献

[1] 邱永君. "民族"一词见于《南齐书》[J]. 民族研究, 2004 (3).

[2] 斯大林. 斯大林全集: 第11集 [M]. 北京: 人民出版社, 1955: 286.

[3] 费孝通. 关于我国的民族识别问题 [J]. 中国社会科学, 1980 (1): 17.

[4] 周伟良. 中华民族传统体育概论高级教程 [M]. 北京: 高等教育出版社, 2003.

[5] 费孝通, 等. 中华民族多元一体格局 [M]. 北京: 中央民族学院出版社, 1989.

[6] 卢元镇. 体育社会学 [M]. 北京: 高等教育出版社, 2001: 187.

[7] 马戎. 民族与社会发展 [M]. 北京: 民族出版社, 2001: 4.

[8] 倪依克. 论中华民族传统体育的发展 [D]. 广州: 华南师范大学, 2004.

[9] 涂传飞. 民间体育、传统体育、民俗体育、民族体育概念再探讨 [J]. 武汉体育学院学报, 2009 (11).

[10] 中国体育科学学会. 体育科学词典 [M]. 北京: 高等教育出版社, 2000.

[11] 倪依克. 论中华民族传统体育 [M]. 北京: 北京体育大学出版社, 2005: 15, 17.

[12] 张立文. 传统学引论——中国传统文化的多维反思 [M]. 北京: 中国人民大学出版社, 1989.

[13] 洪汉鼎. 解读伽达默尔《真理与方法》[M]. 济南: 山东人民出版社, 2001: 9.

[14] 钟敬文. 民俗学概论 [M]. 上海: 上海文艺出版社, 1998: 6.

[15] 王俊奇. 也论民间体育、民俗体育、民族体育、传统体育概念及其关系 [J]. 体育学刊, 2008, 15 (9): 101-105.

[16] 高丙中. 民俗文化与民俗生活 [M]. 北京: 中国社会科学出版社, 1994: 51.

[17] 熊晓正. 机遇与挑战 [J]. 成都体育学院学报, 1988 (4): 21-28.

[18] 郝勤. 龙丹虎道 [M]. 成都: 四川人民出版社, 1994.

[19] 盛琦, 丁志明. 中国体育风俗 [M]. 天津: 天津人民出版社, 1992.

[20] 卢兵. 中华民族传统体育文化导论 [M]. 北京: 民族出版社, 2005.

[21] 曾于久, 刘星亮. 民族传统体育概论 [M]. 北京: 人民体育出版社, 2000.

[22] 张选惠. 民族传统体育概论 [M]. 北京：人民体育出版社, 2004.

[23] 张选惠. 民族传统体育概论 [M]. 成都：电子科技大学出版社, 2013：61.

[24] 刘坚. 云南省少数民族传统体育非物质文化遗产保护与传承研究 [D]. 北京：北京体育大学, 2012.

[25] 冯胜刚. 贵州省少数民族传统体育与民族地区农村学校体育互动式发展的研究 [C] //第七届全国少数民族传统体育运动会科学论文报告会获奖论文集. 北京：民族出版社, 2003：169.

[26] 李涛. 贵州省少数民族传统体育项目调查分析的研究 [D]. 北京：北京体育大学, 2008.

[27] 魏佐涛. 川西民族体育旅游资源优势及开发对策研究 [J]. 乐山师范学院学报, 2007 (5).

[28] 敖洪. 重庆市少数民族传统体育现状及其发展研究 [D]. 重庆：重庆大学, 2007.

[29] 王先茂. 西藏中小学民族传统体育开发的调查研究 [D]. 武汉：华中师范大学, 2014.

[30] 王虹, 赵晓玲. 全国少数民族传统体育运动会研究 [J]. 体育文化导刊, 2009 (11)：134 - 136.

[31] 普春旺, 余贞凯, 董建平. 少数民族传统体育与学校教育传承现状分析 [J]. 玉溪师范学院学报, 2014, 30 (9)：64 - 67.

[32] 李建辉, 覃荣周, 卢永雪, 等. 少数民族传统体育在四川民族地区高校开展现状调查与发展对策研究 [J]. 文体用品与科技, 2013 (12)：34 - 35.

[33] 王亚琼, 罗建新. 贵州民族体育旅游产业现状与发展对策 [J]. 贵州民族研究, 2011 (4)：136 - 140.

[34] 沈阳. 西藏体育旅游资源优势与发展对策研究 [J]. 西藏民族学院学报：哲学社会科学版, 2010 (1)：56 - 61, 124.

[35] 李晓通, 李开文, 陈永兵. 云南少数民族传统体育旅游开发探索 [J]. 体育文化导刊, 2014 (8)：107 - 110.

[36] 夏传寿. 踢毽子——一项简便易行的健身运动 [N]. 中国体育报, 1996 - 06.

[37] 王秀民. 怎样踢毽球 [M]. 北京：金盾出版社, 1994.

[38] 高承. 事物记原 [M]. 台北：台湾商务印书馆, 1986 年影印本.

[39] 郭七正. 中国花毽 [M]. 北京：中国社会出版社, 2010.

[40] 刘评. 毽球之渊源 [J]. 体育文史, 1992 (3)：35 - 36.

[41] 张军, 龙明. 毽球运动 [M]. 北京：高等教育出版社, 2008.

[42] 赵发田. 毽球运动 [M]. 青岛：中国海洋大学出版社，2011：12-13.
[43] 胡小明. 民族体育 [M]. 桂林：广西师范大学出版社，2005.
[44] 马贤达. 中国短兵·教学训练竞技 [M]. 西安：三秦出版社，2003.
[45] 全国体育院校教材委员会. 运动生理学 [M]. 北京：人民体育出版社，2002.
[46] 赵立. 体育概论 [M]. 北京：人民体育出版社，2009.
[47] 张基振. 当代空竹运动的发展特点 [J]. 山东体育学院学报，2011，27（4）.
[48] 刘萌柏. 中国古代杂技史 [M]. 北京：商务印书馆，1995.
[49] 张登峰. 空竹的体育文化价值 [J]. 体育文化导刊，2008（11）.
[50] 施耐庵，罗贯中. 水浒全传 [M]. 北京：华夏出版社，2013.
[51] 张艳荣. 空竹的历史演进及其在当代发展的思考 [J]. 体育文化导刊，2017（6）.
[52] 刘侗，于奕正. 帝京景物略 [M] 孙小力，校注. 上海：上海古籍出版社，2001.
[53] 秦海生. 空竹运动发展研究 [J]. 体育文化导刊，2010（12）.
[54] 秦孝仪. 海外遗珍·漆器 [M]. 台北：台北"故宫博物院"，1981：77.
[55] 韩男洙. 都市生活变迁中的空竹游戏 [D]. 北京：北京师范大学，2010.
[56] 张登峰. 空竹多样化名称的文学性解析 [J]. 武术科学，2007，4（6）.
[57] 李虹若. 朝市丛载 [M]. 北京：北京古籍出版社，1995：160.
[58] 坐观老人. 清代野史 [M]. 成都：巴蜀书社，1988.
[59] 韦明铧. 维扬优伶 [M]. 福州：福建人民出版社，1999.
[60] 闫猛. 当代空竹运动兴起与发展研究 [D]. 山东：山东体育学院，2012.
[61] 傅起凤. 中国国粹艺术读本——杂技 [M]. 北京：中国文联出版社，2008：144-148.
[62] 杨政宗，蔡景昌. 扯铃123 [M]. 台南：翰林出版事业股份有限公司，2001.
[63] 林子微. 初探马来西亚扯铃发展概况 [D]. 吉隆坡：马来西亚拉曼大学中华研究院，2016.
[64] 乔南海. 沈阳市空竹运动开展现状分析及对策探究 [D]. 沈阳：沈阳体育学院，2013.
[65] 中华人民共和国民政部. 2016年社会服务发展统计公报 [EB/OL]. [2017-08-03]. www.mca.gov.cn/article/sj/tigb/201708/20170815005382.shtml.

[66] 刘峻骧, 杨爱伦. 中国杂技史 [M]. 北京: 文化艺术出版社, 1998.

[67] 郝晓蕊. 空竹文化的价值与传承发展研究 [J]. 体育科技文献通报, 2011 (3).

[68] 樊六东. 汉代女性体育研究 [J]. 体育文化导刊, 2010 (11): 119-121.

[69] 郑渌明. 体育史的新发现——契丹幼儿跳绳图考证 [J]. 文物春秋, 1995 (3).

[70] 彭远志. 炫酷运动花样跳绳 [M]. 重庆: 西南师范大学出版社, 2012.

[71] 聂锴. 花样跳绳的体育文化价值研究 [J]. 陕西教育高教版, 2012 (6).

[72] 王海英. 花样跳绳运动的研究 [J]. 宝鸡文理学院学报: 自然科学版, 2014 (6).

[73] 香港康乐文化署普及健康运动网 [EB/OL]. http://www.lcsd.gov.hk/tc/healthy/rope.html.

[74] 雷军蓉. 舞龙运动 [M]. 北京: 北京体育大学出版社, 2004.

[75] 冯国超. 中国传统体育 [M]. 北京. 首都师范大学出版社, 2006.

[76] 卢锋, 张国力. 体育与舞蹈艺术 [M]. 北京: 人民体育出版社, 2014.

[77] 余汉桥. 中国舞龙运动现状及发展对策研究 [D]. 武汉: 武汉体育学院, 2007.

[78] 程大力. 体育文化历史论稿 [M]. 成都: 四川大学出版社, 2004.

[79] 张吾龙, 杜晓红, 邵磊. 舞龙运动的文化底蕴及其社会价值 [J]. 体育文化导刊, 2007 (4).

[80] 国际龙狮运动联合会. 国际舞龙南狮北狮竞赛规则、裁判法 [M]. 北京: 人民体育出版社, 2011.

[81] 田麦久. 项群理论 [M]. 北京: 人民体育出版社, 1998.

[82] 曾杨. 论舞龙运动员艺术表现力的培养与提高 [J]. 成都体育学院学报, 2008 (10).

[83] 周登嵩. 学校体育学 [M]. 北京: 人民体育出版社, 2005.

[84] 王继娜. 关于中国舞狮起源与发展的初步探讨 [J]. 体育科学研究, 2005 (3): 9.

[85] 丁保玉, 解乒乓. 舞狮文化解读 [J]. 山东师范大学学报, 2010 (6): 55.

[86] 姜玉泽. 舞狮运动的形成与现代舞狮的特点 [J]. 北京体育大学学报, 2005 (5): 28.

[87] 张延庆. 中国舞狮的起源与文化演变 [J]. 体育文化导刊, 2003 (11): 77-78.

[88] 杨玄之. 洛阳伽蓝记 [M]. 济南：山东友谊出版社，2001：120.

[89] 傅起凤，傅腾龙. 中国杂技史 [M]. 上海：上海人民出版社，1991：119.

[90] 周华. 文化生态视角下传统南狮面临困境与出路 [J]. 当代体育科技，2014（6）：4.

附录[①]

全国少数民族传统体育运动会

全国少数民族传统体育运动会（民族运动会），是经国务院批准，由国家民委和国家体委联合主办、地方政府承办的全国性民族体育运动会。运动会的宗旨是：发展民族体育，增强民族体质，加强民族团结，振奋民族精神，为社会主义精神文明和物质文明建设服务。中华人民共和国少数民族传统体育运动会，是在1953年举办的全国民族形式体育表演和竞赛大会的基础上发展而来的。1953年举办了首届全国民族形式体育表演和竞赛大会，但很快陷入沉寂，直到1982年重新举办了全国少数民族运动会，期间经过了漫长的30年的停顿。

在改革开放以后，我国少数民族传统体育如雨后春笋蓬勃发展。在新的宏观背景下，为了深入贯彻落实民族政策，确保各民族都有参与社会事务的权利，国家进一步继承和发展民族民间传统体育，为改革开放和社会主义建设服务，经国务院批准，全国少数民族传统体育运动会由国家民族事务委员会和国家体育运动委员会联合主办，由地方承办，每4年举行一届。截至2021年，已分别在天津、内蒙古、新疆、广西、云南、北京、西藏等地举办了11届少数民族传统体育运动会。据悉，第12届少数民族传统体育运动会将于2023年在海南举办。这将是海南首次承办全国性的大型综合体育赛事。

各届民运会以"展示少数民族传统体育特色，提高运动水平，巩固和发展平等、团结、互助的社会主义民族关系，弘扬民族优秀传统文化，促进各民族团结进步和共同繁荣。"为办会宗旨，根据不同时期的特点，各有不同表述，但其精神实质是一以贯之的，多以指导思想和主题的形式表述。民运会办会宗旨就是要紧紧围绕"各民族共同团结奋斗、共同繁荣发展"的新时期民族工作主题，也就是要坚持"平等、团结、互助、和谐"的社会主义民族关系，坚持"发展民族体育、增强民族体质、促进民族团结、振奋民族精神"的基本理念。

由附表1中，得知全国民运会的规模愈益扩大，其竞赛项目从5项上升到17项；参与人数逐渐增多，从首届的395人到7009余人，其办会宗旨是愈发丰富。另外，从第三届民运会开始启用会徽、会标、会旗，并制定科学的比赛规则；第四届民运会上首次邀请中国台湾代表团参加，并提出了举办民运会的宗旨和口

[①] 全国少数民族运动会资料由童国军统计。

号；自第四届民运会以后竞赛项目逐渐增加，如在昆明举办增加了陀螺项目、在拉萨举办增加了押加、在银川增加了高脚竞速、在广州增加了板鞋竞速、在贵州增加了独木漂、在内蒙古增加了民族健身操等。在表演项目设置上，仍保持竞技类、技巧类和综合类项目的传统分类。

附表1 历届全国少数民族传统体育运动会参赛情况表

届数	时间	举办地	民族数	运动员	表演项目数	竞赛项目数
1	1953	天津	13	395	414	5
2	1982	呼和浩特	55	593	68	2
3	1986	乌鲁木齐	55	777	115	7
4	1991	南宁	55	1500	120	9
5	1995	昆明	55	3300	129	11
6	1999	拉萨	55	1000余人	43	4
7	2003	银川	55	4900	126	14
8	2007	广州	55	6381	148	15
9	2011	贵州	55	6771	188	16
10	2015	内蒙古	56	9000余人	140	17
11	2019	河南	56	7009	194	17